일제침탈사
바로알기 31

일제하 재만한인의 이주와 삶

● 황민호 지음 ●

동북아역사재단
NORTHEAST ASIAN HISTORY FOUNDATION

발간사

  일본이 한국을 침탈한 지 100년이 지나고 한국이 일본의 지배로부터 벗어난 지 70년이 넘었건만, 식민 지배에 대한 청산은 이루어지지 못하고 있습니다. 일본의 독도영유권 주장은 도를 넘어섰습니다. 일본은 일본군'위안부', 강제동원 등 인적 수탈의 강제성도 인정하지 않고 있습니다. 일본군'위안부'와 강제동원의 피해를 해결하는 방안을 놓고 한일 갈등은 최고조에 이르고 있습니다. 역사문제를 벗어나 무역분쟁, 안보위기 등 현실문제가 위기 국면을 맞고 있습니다.

  한일 갈등은 식민 지배의 역사를 어떻게 볼 것인가 하는 역사 인식에서 기인합니다. 역사는 현재와 과거의 대화이며 이를 기반으로 미래로 나아갈 수 있습니다. 과거 침략의 역사를 미화하면서 평화로운 미래를 말하는 것은 불가능합니다. 식민 지배와 전쟁 발발의 책임을 인정하지 않고 반성하지 않으면 다시 군국주의가 부활할 수 있고 전쟁이 일어날 위험성도 배제할 수 없습니다. 미래지향적 한일관계를 형성하고 나아가 동아시아의 평화와 번영의 기틀을 조성하기 위해 일본은 식민 지배의 책임을 인정하고 그 청산을 위해 노력해야 할 것입니다.

  식민 지배의 역사를 청산하기 위해서는 식민 지배는 어떻게 이루어졌는지 그 실상을 명확하게 규명하는 일이 긴요합니다. 그동안 일본 제국주의에 맞서 조국의 독립을 위해 헌신한 독립운동가들의 활동을 찾아내고 역사적으로 평가하는 일에는 상당한 성과를 거두었습니다.

반면 일제 식민침탈의 구체적인 실상을 규명하는 일에는 충분한 노력을 기울이지 못했습니다. 제국주의가 식민지를 침탈했다는 것은 너무나 당연한 사실로 여겨졌기 때문에, 굳이 식민 지배에서 비롯된 수탈과 억압, 인권유린을 낱낱이 확인할 필요가 없었는지도 모릅니다. 그러는 사이 일본은 식민 지배가 오히려 한국에 은혜를 베푼 것이라고 미화하고, 참혹한 인권유린을 부인하는 역사부정의 인식을 보이는 데까지 이르고 있습니다. 일제의 통치와 침탈, 그리고 그 피해를 종합적으로 조사하고 편찬할 필요성이 여기에 있습니다.

　일제침탈사를 체계적으로 정리하는 일은 개인이 감당하기 어렵습니다. 이에 우리 재단은 한국 학계의 힘을 모아 일제침탈사 편찬위원회를 꾸렸습니다. 편찬위원회가 중심이 되어 일제의 식민지 침탈사를 정치·경제·사회·문화 모든 방면에 걸쳐 체계적으로 집대성하기로 했습니다. 일제 식민침탈의 실체를 파악하기 위해 2020년부터 세 가지 방면으로 사업을 추진하고 있습니다. 하나는 〈일제침탈사 자료총서〉를 편찬하여 구체적이고 생생한 자료를 통해 일제침탈의 실상을 제공하는 일입니다. 다른 하나는 이들 자료를 바탕으로 연구한 결과물을 〈일제침탈사 연구총서〉로 간행하는 일입니다. 그리고 연구 결과를 대중이 이해하기 쉽게 정리하여 〈일제침탈사 교양총서〉를 '바로알기' 시리즈로 간행합니다. '바로알기' 시리즈는 우리 중학교, 고등학교 학생들도 어렵지 않게 읽을 수 있도록 제작했습니다. 오랫동안 학계에서 공부해 온 전문가 선생님들이 일제 침탈과 관련된 다양한 주제를 집필해 주셨습니다. 이해하기 쉽도록 해당 주제를 사안별로 나눠 집필해서 가독성을 높였고, 사진과 도표로 충분히 곁들였습니다. '바로알기' 시리즈를 통해 많은 시민과 학생들이 제국주의 일본의 한반도 침탈과 그로 인한 피해 실상을 바로 알 수 있게 되기를 바랍니다.

2024년
동북아역사재단 이사장

차례

발간사 • 2

머리말 • 6

Ⅰ. 한인들의 정착을 위한 노력과 일제의 탄압
   1. 이주 한인의 증가와 수전경작 • 12
   2. 한인사회의 확장과 경신참변 • 24

Ⅱ. 중국 당국의 한인구축정책과 한인사회의 대응
   1. 한인구축정책의 실시와 한인사회의 피해 • 36
   2. 합법적 자치운동과 간도폭동 • 43

Ⅲ. 일제의 집단 이주정책과 이주 한인의 고난
   1. 전쟁 피난민에 대한 대책과 안전농촌·집단부락 • 54
   2. 개척민으로서의 집단 이주와 한인의 실태 • 66

맺음말 • 76

참고문헌 • 79
찾아보기 • 81

머리말

1910년 경술국치 이후 국내의 많은 사람은 새로운 생활 터전을 찾아 만주로 이주하였다. 초기에 한인들은 주로 북간도와 서간도에 거주했는데 북간도는 연길(延吉), 화룡(和龍), 왕청(汪淸), 혼춘(琿春)을 중심으로 액목(額穆), 돈화(敦化) 등이 속하였다. 서간도는 백두산 서쪽, 압록강 너머의 혼강 일대를 중심으로 집안(輯安), 통화(通化), 관전(寬甸), 임강(臨江), 장백(長白), 흥경(興京) 등이 속하였다. 이 밖에 북만은 중동철도 연선과 하얼빈을 포함하여 영안(寧安), 해림(海林), 밀산(密山), 주하(珠河), 아성(阿城), 연수(延壽)와 치치하얼 등 대체로 흑룡강성 일대가 포함되며, 상대적으로 한인의 이주가 적은 편이었다.

만주는 통상적으로 봉천성, 길림성, 흑룡강성의 동삼성을 지칭하였는데, 1929년 중국 당국의 행정구역 개편으로 봉천성이 요녕성으로 개칭되었으며, 1930년에는 열하성(熱河省)을 포함한 4성 체제로 개편되었다. 만주국이 건국된 후에는 1934년 12월 1일 4성 체제에서 14성 2개 특별시, 1개 특별구로 개편되었으며, 1938년에는 통화현성과 목단강성이 신설되어 16성제로, 1939년에는 안동성(東安省)과 북안성(北安省)이 신설되어 18성제로 개편되었다. 이후 1941년 7월에는 남만에 사평성(四平省)이 설치되었으며, 1943년 4월에는 19성제와 신경특별시로 구성되는 등의 변화를 겪었다.

한인의 만주 이주는 크게 보아 1885~1909년까지 이주 환영 시기,

1909~1927년까지 이주 제한 시기, 1927~1931년까지 이주 배척기로 구분할 수 있다. 만주사변 이후에는 1939년까지 집단 이주기, 1940년 이후 1945년 8월까지는 개척 이주기로 구분되기도 한다. 이주 한인의 통계를 보면 1912년에는 대략 23만 8,000여 명이었고 1920년에는 약 45만 9,400여 명으로 나타나고 있다. 1933년에는 65만 5,000여 명이었으며, 1936년에는 85만 4,000여 명, 1940년 말에는 145만여 명에 이르고 있다. 또한 한인 거주 지역을 동만, 남만, 북만으로 구분할 경우 동만은 길림성의 연길, 화룡, 왕청, 혼춘의 4현을 주로 지칭한다. 남만은 요녕성의 장백, 흥경, 집안, 통화 등을 지칭하며, 이를 북간도와 서간도로 구분하여 부르는 경우도 있다.

1910년대의 한인 농민들은 수전 농업(벼농사) 기술을 바탕으로 한인사회를 확장해 갔으며, 중국인과의 우호적인 분위기 속 성과를 거두고 있었다. 그러나 한인사회의 강화된 역량이 활발한 항일무장투쟁의 전개로 이어지자, 일제는 불법적인 간도 출병을 감행하고 연이어 경신참변을 도발하여 한인에 대한 학살과 탄압을 자행하였다.

그러나 이후에도 한인사회가 빠른 속도로 회복해 가자 이번에는 1925년 6월 조선총독부 주도로 중국 당국과 이른바 삼시협정을 체결하고 이를 빌미로 중국 당국이 주도하는 한인구축정책(韓人驅逐政策)을 실시하였다. 한인들은 중국 당국으로부터 부당한 탄압과 박해를 당하는 상황에 직면하게 되었다. 이에 한인사회는 민족진영의 인사들을 중심으로 중국 국적으로의 귀화 입적을 골자로 하는 합법적 자치운동을 전개해 문제를 해결하고자 하였다. 하지만 일제가 한인들의 국적 변경을 허락하지 않는 상황과 중국 정부의 미온적 태도로 인해 성과를 거두기 어려웠으며, 중국 당국과 한인사회의 갈등은 만주사변이 발발할 때까지 지속되었다.

  1931년 9월 만주사변을 도발한 일제는 한인 농민들이 대부분인 전쟁난민에 대한 대책 마련과 한인들이 거주하는 농촌지역에 대한 안정적 치안 확보의 필요성에 직면하고 있었다. 일제로서는 각지에서 활동하고 있던 다양한 계통의 항일유격대에 대한 토벌이 확실하게 이루어지지 않은 상황에서 피난 중인 한인 농민들을 분산적으로 간도 혹은 그들이 살던 곳으로 돌려보낼 수는 없었다. 이에 조선총독부에서는 안전농촌과 집단부락의 설치를 통해 문제를 해결하고자 하였다. 안전농촌은 총독부의 위탁을 받은 동아권업주식회사가 추진하였으며, 집단부락은 동양척식주식회사가 주도하였다. 그런데 이들은 모두 한인 농민들의 일상을 극단적으로 통제하고 있었다는 점에서 유사한 성격을 갖고 있었다.

  1937년 중일전쟁이 발발하고 전쟁이 장기화의 수렁에 빠져들자 일제는 1939년 12월 내각회의를 통해 종래의 '이민(移民)'이라는 명칭이 만주 개척의 의의를 나타내는데 부적당하므로 금후 '개척농민(開拓農民)'

또는 '개척민(開拓民)' 등으로 그 명칭을 변경하는 동시에 보다 적극적인 이주정책을 추진하였다. 일제는 한인들을 만주로 대거 이주시켜 장기전에 필요한 식량자원 확보와 노동력을 제공하고자 했던 것이다. 또한 소련과의 전쟁 가능성에 대해서도 일정하게 대비하고자 했으며, 이는 일제가 패망할 때까지 지속되었다.

 이상의 내용을 통해서 보면 일제시기 한인들의 만주 이주는 일제 식민지의 암울했던 현실이 깊게 드리워졌던 식민주의 정책의 일환이었으며, 이주 한인들의 상황은 시간이 지날수록 참담해졌다. 이에 이 책에서는 경술국치 이후 만주지역에서의 한인들의 이주 상황과 이주 후에 벌어졌던 한인의 삶과 그 성격을 더욱 구체적으로 파악해 보고자 하였다. 이 책이 일제하에서 재만한인들이 직면했던 고단했던 삶의 내용과 그 성격을 더욱 분명하게 이해하는 데 일정하게 기여할 수 있을 것이다.

I
한인들의 정착을 위한 노력과 일제의 탄압

1
이주 한인의 증가와 수전경작

　재만한인들의 만주 이주는 1869~1870년에 함경도와 평안도의 유례 없는 흉년으로 한인 농민들이 '도강죄(渡江罪)'를 무릅쓰고 강을 건너 간도지역으로 진출하면서부터 시작되었다. 한인들은 대부분 두만강에서 멀지 않은 분지와 산기슭에 토지를 개간하며 마을을 형성하였고, 때에 따라 사냥 혹은 인삼 등의 토산물 채집을 위해 일시적으로 머물기도 하였다.

　그러나 청나라에서 만주를 조상의 발상지라 여기며 봉금해 왔기 때문에 조선 정부로서는 불가피하게 관련자들을 엄벌에 처하고 있었다. 1866년에 15호의 남녀 75인이 두만강을 건너 국경을 넘었으며, 1870년에는 경원부 사람이 월경하여 혼춘지방에서 18년간 있다가 가족과 함께 송환되어 효수(梟首)되었다. 비슷한 시기에 의주의 백성이 중국인과 교역하다 효수되기도 하였다. 그럼에도 이미 북간도 칠도구 일대에는 193호, 1,673명, 삼도구 일대에는 277호, 1,465명, 파저강 일대에는 400~500호의 한인들이 거주하고 있었다.

한편 1870년 회령부사 홍남주(洪南周)는 흉년으로 발생한 경제적 어려움을 해결하기 위한 방편으로 부민들에게 인수개간원서(引水開墾願書)라는 일종의 신고서를 제출케 하고 북간도로의 월경을 허락하였다. 1900년에는 의화단사건이 발발하고 러시아가 수천의 군사를 파견해 간도를 급습하는 무력시위을 단행하자 기회를 틈타 상당수의 한인이 간도로 이주하기도 했다. 한인 농민들은 1875년 서간도의 통화지역에서 수전에 성공한 이후 본격적으로 이주해 수전개발에 역점을 두기 시작하였다. 경술국치 이후에는 이주자가 급증했는데 이주한 한인의 총수는 4만 9,771명이었으며. 이 중 북간도에만 2만 4,272명이 살고 있었다.

> 지방의 인민이 간도로 이주하는 자-재작년 이래 현저히 증가하여 43년(메이지 43년-1910년-필자) 가을에서 금년 4월까지에 약 1만 5,000인의 이주자가 있었는데 이주 시기는 10월 이후로 다음 해 3월 말 또는 4월 상순에 이르는 것이 상례로 이주자는 주로 함경남북의 인민인데 그 목적은 농업이라. 이는 이 지역의 토지가 비옥치 아니하여 농업에 적당한 토지를 얻기 곤란하나 간도는 토질이 양호하고 지역이 광대하여 수확은 함북지방의 2배 내지 3배에 상당함으로 이들 조선인 이주자는 자력이 부족하여 청·조선인 토지소유자에게 경지를 빌려 소작에 종사코자 함이라더라
> 　　　　　　　　　　　　　－「間島移住者激增」, 『매일신보』 1911년 7월 19일 자

위의 내용은 『매일신보』의 보도 내용인데 경술국치 이후 이듬해 4월

까지 함경남북도에서 약 1만 5,000명의 농민들이 간도로 이주했다고 하고 있다. 이들이 간도로 이주하는 이유는 토지가 척박하고 농지를 구하기 어려운 함경도에 비해 간도는 토질이 양호하고 지역이 광대해 토지를 구하기 쉽고 2~3배의 수확량을 거둘 수 있었기 때문이라고 하였다. 또한 가난한 농민 마을 전체가 간도로 이주하는 경우도 나날이 증가하고 있으며, 근래에 각종 곡물 가격이 폭등하여 생활이 곤란한 농민들이 청진을 경유해 간도로 이주하고 있다고 하였다.

이 밖에 경상남도 밀양군(密陽郡)에서도 간도 '이주열(移住熱)'이 불어 군내(郡內)의 상류층이나 자산가들이 토지와 동산을 매각하여 그 가격이 하락하고 있다고 하였다. 토지가 비옥하고 지가(地價)가 저렴한 까

〈그림 1〉 수전을 경작하는 한인들

- 출처: 박환, 2012, 『만주지역 한인유적 답사기』, 국학자료원.

닭에 '간도유망설(間島有望說)'이 전 조선에 전파됨에 빈부를 막론하고 이주자가 증가하고 있으며, 가까운 친척이나 친구들이 서로 손잡고 이주하는 경우도 있다고 하였다.

북간도는 두만강을 사이에 두고 많은 도항장(渡船場)이 설치되어 있어 이주에 유리하였다. 1914년을 전후해 두만강 상류인 무산군(武山郡) 삼하면(三下面)에서 두만강 하구까지 약 104개의 도선장이 있었으며, 여기에 11월이 되면 두만강 전체가 결빙되어 한인들은 곧바로 북간도로 건너갈 수 있었다. 반면에 중국인들은 중국 내 다른 지역으로 이주하는 것이 상대적으로 유리했다. 산동지역이나 중국 관내에서 북간도로 이주하면 서쪽과 북쪽의 노령산맥(老領山脈)과 노야령산맥(老爺領山脈)이 자유로운 왕래를 불편하게 했다.

1917년 5월 북간도를 방문했던 조선총독부 관리는 '도처에 가옥이 거의 조선인 가옥이오 주민 또한 백의인(白衣人)이 다수라 완연히 조선 내를 여행함과 같으며, 조금도 중국 땅이라는 느낌이 없다'라고까지 하였다. 간도의 한인은 1910년에 10만 9,500명, 1921년에는 30만 7,860명으로 약 3배가 늘었는데 같은 시기 중국인은 7만 3,748명에 불과했다. 소작료율도 양호한 편이었다. 황무지를 개척하면 3년 정도는 소작료가 무료였으며, 이후에는 20% 정도의 소작료를 부담하였다. 농사를 바로 지을 수 있는 토지도 소작료가 20~30%를 넘지 않았다.

북간도의 수전경작은 1900년에 용정시 개산둔진(開山屯鎭)과 해란강변의 서전평야 등에서 성공을 거둔 후 급속히 확대되었다. 1920년 연길현은 북간도에서 수전이 가장 많은 지역이 되었으며, 그 규모는 3,700향에 이르렀다. 왕청현에서는 1913년 대감자(大坎子)에서 처음으로 수전

〈그림 2〉 압록강 철교

- 출처: 박환, 2016, 『사진으로 보는 만주지역 한인의 삶과 기억의 공간』, 민속원.

에 성공한 후 귀일동, 소백초구, 남북하마탕 등에서도 수전에 성공하였다. 1912년에는 돈화현 냉수천자(冷水泉子)에서도 수전이 이루어졌으며, 액목현에서는 1916년에 강원도에서 이주해 온 김상덕(金相德)이 수전에 성공하였다. 반석현에서는 1910년 가을 수전에 성공한 이래 1921년경에는 500여 호의 한인 농민들이 600여 정보의 논을 경작하고 있었다.

서간도로의 한인 이주는 압록강 하류에서 안동(安東)을 거쳐 육로로 관전, 환인, 통화, 유하에 도착해 장춘, 길림 등으로 진출하는 경로가 일반적이었다.

> 편자는 일본군 특별정찰대를 따라 1906년 압록·송화·목단 3강의 유역을 답사한 일이 있었다. 그때 보고 들은 바에 의하면 이주 한인 호구는 중

국인의 1배 반이 넘고 있었고 가장 많은 지역의 경우는 중국인의 6배에 달하고, 가장 적은 곳에서도 4할 아래로는 내려가지 않는다. 정확한 숫자를 들 정도로 조사하지 못하였으나 하여간 이 부근에 있어서의 이주 한인이 중국인보다 훨씬 다수를 차지하고 있다는 것은 의심할 수 없다.

- 牛丸潤亮, 1928, 『最近間島事情』, 朝鮮及朝鮮人社, 88~90쪽.

위의 글은 1906년 남만주에 파견되었던 일본군 정찰대의 기록 중 일부다. 당시 정찰대는 통화, 환인, 회인 고려묘자, 고산자 등에 다수의 한인이 모여 살고 있었으며, 지역에 따라서는 300호를 넘는 곳도 있었다. 또한 한인들의 호구는 중국인들에 비해 1배 반이 넘었으며, 인구는 6배에 달하는 지역도 있었다. 이 밖에 한인 농민들은 혼강 유역을 중심으로 대략 500호의 대규모 집단을 형성하며, 수전농업에 종사하는 경우도 있었다. 한편 애국지사 이회영과 이상룡의 서간도 망명도 이 시기에 이루어졌다.

우리 동지는 서울에서 오전 여덟 시에 떠나서 오후 아홉 시에 신의주에 도착, 그 집에 몇 시간 머물다가 압록강을 건넜다. 국경이라 경찰의 경비가 철통같이 엄숙하지만 새벽 세 시쯤은 안심하는 때다. 중국 노동자가 강빙(江氷)에서 사람을 태워 가는 썰매를 타면 약 두 시간 만에 안동현에 도착한다. 그러면 이동녕씨 매부 이선구(李宣九)씨가 마중 나와 처소(處所)로 간다.

- 이은숙, 1981, 『西間島始終記』, 인물연구소, 47쪽.

이회영의 부인 이은숙은 『서간도시종기(西間島始終記)』에서 '신의주를 거쳐 압록강에 도착한 일행은 국경 경찰의 경비가 느슨해진 새벽 3시경 야음을 틈타 썰매를 타고 얼어붙은 압록강을 건널 수 있었다'라고 하였다. 이후에는 이동녕의 매부 이선구의 안내를 받아 안동현에서 마차 10대에 분승하여 500리 떨어진 횡도촌에 도착하였다. 한달 뒤 이상룡도 같은 방법으로 가족들과 함께 망명하였다.

철도 노선의 확대도 한인들의 이주를 편리하게 했다. 1905년 3월에 착공한 경의선 개축공사가 1911년 2월에 끝났으며, 안동과 봉천을 연결하는 안봉선(安奉線)도 준공되었다. 이에따라 한인 이주민들은 압록강 너머의 국경지대에서 벗어나 무순, 봉천, 철령, 개원, 서풍, 동풍, 해룡 등지로 이동할 수 있었다. 북만으로의 한인 이주는 상대적으로 늦은 편이었다. 1898년부터 동청철도 공사가 시작되면서 노령에 거주하던 한인들이 철도공사와 관련해 이주하는 경우도 있었다. 서·북간도에서 생활 터전을 마련하지 못한 한인들이 목단강 지류를 거슬러 이주해 오

〈그림 3〉 두만강을 건너는 사람들
- 출처: 박환, 2016, 『사진으로 보는 만주지역 한인의 삶과 기억의 공간』, 민속원.

기도 하였다.

1914년 이후 제1차 세계대전의 영향으로 쌀의 수요가 증가하고 있었고 1918년과 1919년에는 쌀값이 폭등하자 쌀농사의 수익률이 크게 높아졌다. 만주는 봄이 짧고 강수량이 부족해 수전농업에 불리한 요건을 갖고 있었다. 특히 북부지역의 경우는 농사 지을 수 있는 기간이 상대적으로 짧고 강수량은 적은 데 비해 증발량은 많아 이 역시 수전을 어렵게 하는 요인이 되고 있었다.

그러나 이러한 자연조건은 벼의 종자 선택과 6·7·8월의 집중 강우 등으로 해결할 수 있었다. 수확기에 강수량이 적은 것도 벼의 숙성을 촉진하는 동시에 수확한 벼를 충분히 건조하여 쌀의 변질을 막을 수 있다는 장점이 되기도 했다. 부족한 강수량은 송화강이나 두만강, 압록강, 대요하(大遼河) 등의 지류를 따라 적절한 물길을 만들어 극복할 수 있었다.

한인 농민들은 밭농사에서도 중국인과의 마찰을 피하기 위해 주로 산간의 경사진 곳을 개간했는데 소를 이용한 농법이나 화전(火田) 등의 경험은 불리한 지형 조건을 극복하는 데 도움이 되었다. 맨발로 물에 들어가는 것을 싫어하는 중국인들의 관습도 한인들의 수전경작에 유리한 요소가 되기도 하였다.

더욱이 옥수수, 대두, 고량, 조 등은 윤작을 해야 했지만, 벼농사는 윤작할 필요가 없었다. 이에 봉천성과 길림성에서는 황무지로 취급받던 저습지를 개간함으로써 중국 당국으로서는 재정수입을 늘릴 기회가 되었다. 중국인 지주나 일본인 자본가들도 모두 벼농사를 선호하고 있었기 때문에 한인들은 더욱 유리한 조건에서 수전에 종사할 수 있었다.

남만에서 수전경작은 비교적 이른 시기에 시작되었다. 1840년 혼강 유역을 중심으로 벼농사가 시작되었으며, 1875년 통화현 하전자의 한인들이 소택지와 늪지를 개발하여 벼농사를 짓는 데 성공하였다. 1880년에는 안동과 유하현 삼원포, 신빈현 왕청문 등지에서도 수전개발이 이루어졌으며, 1900년 무렵에는 유하현에 거주하던 한인들이 해룡, 동풍, 서풍, 개원 등지로 이동하여 수전을 개간하였다. 1908년경에는 영길현(永吉縣)에서도 수전이 개발되었으며, 송화강과 휘발하를 따라 휘남, 교하 등지까지 수전이 확대되었다.

같은 해 신민현(新民縣) 대공보(公太堡)에서 한인들이 수전 500정보를 개간하였다. 1910년에는 무순현, 1914년에는 요양현에서 수전에 성공하였다. 철령과 장춘에서도 수전개발이 이루어졌다. 1911~1913년 만주에서의 수전경작이 경제적으로 유리하다는 소문이 퍼지자 한인의 이주가 집중되었다. 서간도의 민족지도자들은 수전개발에 주력하며 한인사회의 안정에 힘을 기울였다.

> 땅이 너무나 넓어 일일이 확인할 수 없을 정도였으며, 한인들은 일단 논을 만들어 씨를 뿌려 놓기만 하면 농사짓기 쉬웠다. 볍씨를 뿌려 놓고 물이 마르지 않게만 해주면, 그 뒷일은 추수하는 것뿐이다. 이렇게 논을 개간하여 논농사를 하고 난 뒤부터 비로소 밥을 맛볼 수 있었다. 풍년을 바라보고 모두들 욕심을 내어 일을 했다. 개간 첫해는 풍년이라도 개간 수고가 크기 때문에 지주에게 주는 것은 그리 많지 않아 괜찮았다. 추수 뒤 중국인 지주에게 비율대로 주고도 남는 것이 많았다. 1년 비용도 갚고, 비교적 안정된 생활이 시작되었다.
>
> 그러자 사람들은 본국에서 농토 없이 고생하는 가난한 친척들을 불러

들였다. 먼저 온 애국지사들은 개척지를 계획하는 일부터 이민자들을 배당하는 일을 대대적으로 했다. 이민온 사람들을 관리하고 통솔하는 일이 곧 애국활동이었다.(중략) 처음 도착하면 자치구에서 당번들이 나와 누구네 몇 가구, 또 누구네 몇 가구를 배당해 준다. 배당받은 집에서는 가옥, 토지가 완전히 결정되어 정착할 때까지 먹여 주고 보살펴 준다. 농사에 능숙한 이들은 1년이 지나면 모든 것이 생활근거가 잡혀 다음 해엔 스스로 자작농을 하게 된다. 그러니 자연 고향에 있는 빈한한 친척들을 자꾸 청해 오는 것이다.

- 허은, 1995, 『아직도 내귀엔 서간도 바람소리가』, 정우사, 63~65쪽.

위의 내용은 이상룡의 손주 며느리 허은(許銀)의 회고이다. 서간도의 토지는 눈에 다 보이지 않을 정도로 넓었으며, 토질(土質)은 '볍씨를 뿌려 놓고 물이 마르지 않게만 해주면 추수가 가능할 정도였다'라고 하였다. 소작 조건도 유리해서 '처음 3년까지는 등급에 관계 없이 무료였고, 다음 해엔 토지에 따라 다양한 소작료가 책정되었는데 농사 경험이 풍부한 한인은 1년이 지나면 생활의 근거가 잡혔고, 다음 해엔 자작농이 될 수 있었다'라고 하였다. 이에 한인들은 국내에서 농토 없이 고생하는 가난한 친척들을 불러들였으며, 애국지사들은 중국인 지주나 당국과의 교섭을 통해 한인들을 보호·관리하는 역할을 하였다. 이러한 활동을 애국활동으로 인식하고 있었다.

이에 『매일신보』에서는 남만으로 망명한 이시영 등이 밭농사에 종사하면서 수전개발에 주력해 생활이 용이할 정도의 수확이 있다고 하였다. 또한 이들은 통화 부근에 한인학교를 설립해 자제들의 교육을 담당하고 있으며, 장춘 방면에도 토착민의 수를 능가할 정도로 한인 이주민이 많다고 하였다.

북만의 한인 이주 상황은 1909년 동녕현에 거주하는 한인들이 2,000명 정도였고 한인촌을 고려영(高麗營)이라고 하였다. 그러나 1913년 중국인 현장(縣長) 이달춘(李達春)이 고려라는 명칭을 피해 고려인들이 편하게 거하라는 뜻의 '고안촌(高安村)'으로 변경하였다. 1911년의 호적조사에 따르면 중동철도연선에 거주하는 한인들은 2,364명이었으며, 이들 대부분은 농업에 종사하였다. 하얼빈에는 1900년 초부터 한인들이 거주하고 있었다. 블라디보스토크에서 이주한 탁공규(卓公圭)가 공립협회(公立協會)를 설립하여 한인들의 민족의식을 고취시키고 있었다. 이 밖에 영안현 해림과 석두하자 위하현 일면파, 목릉현 등지에 한인들이 거주하며 수전에 종사하고 있었다. 밀산의 경우는 1908년 밀산부가 설치된 후 많은 한인들이 이주해 왔으며, 당벽진을 중심으로 벼농사가 이루졌다. 동빈현(同賓縣)에는 1912년경 18세대 53명의 한인들이 홍륭진 등에 거주하였으며, 1922년에는 290세대로 늘었다.

이 밖에 1914년 남만에서 이주한 손원정이 한인 8호와 함께 방정현(方正縣) 임가대둔(任家大屯)에서 수전에 성공하여 첫해 도자로 1석 8두를 지불하였다. 동녕현에서는 1916년 노령에서 최동한과 14명의 농민이 소수분(小綏芬)으로 이주해 수전에 성공하였으며, 이후 목단강, 목릉하, 수분하를 거쳐 송화강의 통하, 삼성 등으로 전파되었다. 비슷한 시기에 경상도 사람들이 해림현 마도석에 들어와서 농사를 짓기 시작하였다. 한인들은 대체로 동청철도 동부연선과 동경성, 목릉, 밀산, 위하현 일면파 일대에 흩어져 살면서 수전을 개발하였다.

1921년경에 이르면 만주 전체에서 약 73만 3,700무(畝)의 면적에서 수전농업이 행해졌으며, 123만 4,000여 섬의 생산량을 기록하였다. 이 시기 국내에서는 만주가 조선의 '식량창고'로 인식되거나 '조선민족의 복지(福地)'로 간도 조선인 인구가 머지않아 100만에 달하게 될 것이라고 주장하는 언론이 있을 정도였다.

2

한인사회의 확장과 경신참변

　수전농업을 통해 경제적 안정을 도모해 가던 한인사회는 교육사업과 자치운동을 통해 그 역량을 강화해 나갔다. 1906년 이상설과 여준 등이 용정촌을 중심으로 서전서숙을 설립하였으며, 이후 명동학교와 정동학교, 북일학교 등이 설립되어 한인 자제들의 민족의식을 고취시키고 있었다. 대종교 세력도 화룡현 삼도구 청파호에 북도본사(北道本司)를 세우고 화룡현에 동일학교, 청일학교 등을, 왕청현에는 명동학교를, 연길현에는 용지학교 등을 세웠다. 〈표 1〉에서 보는 바와 같이 1910년대에 이르러 한인들이 거주하는 지역에는 대부분 학교가 운영되고 있었다.

〈그림 4〉 정동중학 터

— 출처: 박환, 2012, 『만주지역 한인유적 답사기』, 국학자료원.

〈그림 5〉 서전서숙

— 출처: 박환, 2016, 『사진으로 보는 만주지역 한인의 삶과 기억의 공간』, 민속원.

〈표 1〉 만주지역 한인 경영 사립학교 현황(1916년 12월 말 현재)

지역	학교 수	학생 수	지역	학교 수	학생 수
동녕현	6	258	밀산현	1	
연길현	55	1,370	화룡현	56	1,219
혼춘현	32	757	왕청현	13	490
통화현	19	628	유하현	11	660
장백현	18	382	집안현	15	147
무순현	7	144	안동현	1	90
홍경현	2	61	안도현	2	50
임강현	1	15			
총계				239	6,271

출처: 박주신, 1998, 「間島 韓國人의 民族敎育에 關한 硏究」, 인하대학교 박사논문, 26쪽.

이에『독립신문』에서는 북간도에는 서전서숙 아래 80여 개 소학교와 중학교의 교사들이 항일정신을 함양하고 있다고 하였다.『동아일보』에서는 명동학교에 대해 독립운동자의 양성소로서 큰 권위가 인정되고 있으며, 일본 관헌에는 눈의 티와 같이 미워하는 존재였다고 하였다.

1913년 3월에는 간민회(墾民會)가 조직되었다. 1910년 3월에 조직된 간민교육회를 기반으로 한 간민회는 북간도 각지를 순회하며, 학교 설립을 독려하는 활동을 전개하였다. 간민회는 본래 '간민자치회'라는 명칭을 사용하고자 했으나 중국 당국에서 자치라는 용어를 삭제해 달라고 요청해 간민회로 정하였다. 간민회가 조직되자 하와이에서 발행되던『국민보』에서는 우리 민족의 좋은 열매가 장차 이곳에서 구해질 것이라고 하였다. 간민회에서는 매년 봄·가을에 중국 경찰이 실시하는 호구조사에 위원을 파견하고 통역 등을 담당했으며, 연합운동회를 개최해 한인사회의 단결을 도모하였다. 한편 평강 이도구에서는 일본 순사 2명이 호구조사와 함께 학교에 대해서도 조사하려 하자 이들의 권총을 빼앗고 3일 동안 구금했다가 간민회를 통해 중국 당국에 인계하기도 했다.

그러나 원세개(袁世凱)의 북경정부가 한인들의 자치에 대해 민감한 반응을 보이는 상황에서 1914년 3월 길림성 당국의 간민회에 대한 해산명령 발동으로 위기에 처하게 되었으며, 이후 장업회(裝業會)로 명칭을 변경하는 등 자구책을 마련하기도 했으나 활동은 크게 위축될 수밖에 없었다.

서간도에서는 창동학교, 배달학교, 은양학교, 백산학교 등이 설립되었다. 특히 환인현에 건립된 창동학교는 대종교의 제3대 교주 윤세복(尹世復)이 동생 윤세용(尹世茸)과 함께 1911년에 설립했으며, 박은식과 신채호가 한국사와 국어, 지리 등을 가르쳤다. 일제는 창동학교와 백산학교에 유기, 포목, 묵필 행상을 가장한 밀정을 파견해 감시했는데 이들을 체포·응징하기도 했다.

1911년 유하현 삼원포로 이주한 이회영은 당면 현안인 토지 구입 문제를 해결하기 위해 북경의 원세개를 찾아가 협상에 성공하기도 했다. 이후 한인들이 합법적인 지위를 획득한 것은 아니지만 다소 안정적으로 토지를 확보할 수 있게 되어 독립운동의 기초를 마련할 수 있었다. 민족 지도자들은 1911년 3월 유하현 삼원포 고산자에서 이상룡을 중심으로 경학사(耕學社)를 조직하였으며, 그해 뜻하지 않게 서리가 내려 농작물이 큰 피해를 보고 풍토병까지 겹치자 1912년 가을에는 이회영이 통화현 합니하에서 경학사를 바탕으로 부민단(扶民團)을 조직하였다. 부민단은 1919년 3·1운동이 발발하자 신흥학교를 신흥무관학교로 개편하는

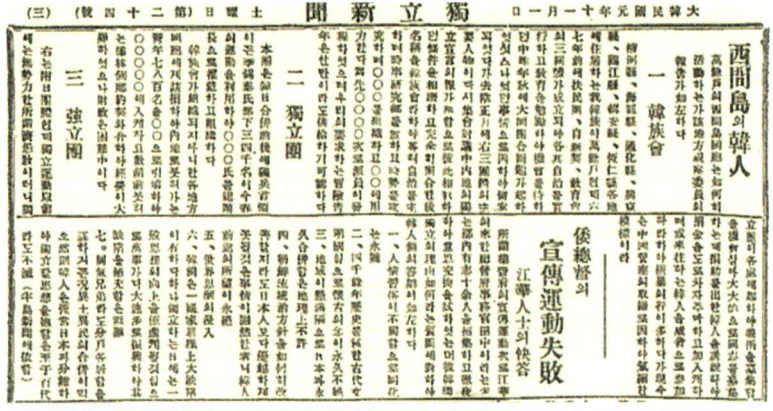

〈그림 6〉 한족회에 대한 『독립신문』의 보도
- 출처: 박환, 2016, 『사진으로 보는 만주지역 한인의 삶과 기억의 공간』, 민속원.

등 항일무장투쟁을 보다 강화하기 위해 한족회(韓族會)로 조직을 변경하였다.

1909년 북만에서는 이상설의 위탁을 받은 이승희가 블라디보스토크에서 밀산으로 이주해 봉밀산 부근에 토지를 구입하고 한인 100여 호를 이주시켜 한흥동을 건립하고 한민학교(韓民學校)를 세웠다. 그는 『동국사략(東國史略)』를 지어 한인 자제들의 민족의식을 고취하였으며, 민약(民約)을 제정해 단결을 도모하였다. 1910년 봄에는 미주 공립협회(公立協會) 회원이었던 김성무(金成武)가 안창호의 권유로 밀산 십리와에 들어와 960헥터의 토지를 사들이고 아동교육과 농업을 장려하며, 한인사회의 성장을 도모하였다.

1913년에는 이승희와 이상설의 후원으로 봉밀산자에 무관학교가 설립되었으며, 홍범도가 교관으로 활동하였다. 특히 홍범도는 부하들과 함께 일명 '홍범도 도랑'이라고 명명된 수로를 조성해 십리와 농장의 농업용수로 활용하였다. 십리와와 쾌당별이(필자-당벽진)에서는 소학교 설립과 운영을 주도했으며, 한흥동학교에서는 교장의 책임을 맡았다. 홍범도는 학교가 끝나는 시간에는 학생들을 집으로 데려다주기도 했으며, 학생들은 그를 친부모처럼 따랐다고 한다.

1914년에는 요하 북쪽에 한인촌이 형성되었는데 강우규는 요하에 동광학교를 설립하였으며, 교회 장로로 전도 활동을 하였다. 이갑(李甲)이 거주했던 목릉현 팔면통에도 밀산의 한흥동과 비슷한 시기에 한인촌이 형성되었다. 학교와 교회가 설립되었으며, 3·1운동 당시에는 100여 호의 촌락에 교인이 약 400명에 이르렀다.

한편 3·1운동이 발발하자 만주에서는 다양한 세력들이 독립군단을 결성하였으며, 적극적인 국내진공작전을 전개하였다. 대체로 북간도에는 김좌진의 북로군정과 홍범도의 대한독립군을 비롯해 30여 개가 넘는 독립군 단체들이 활동하였다. 서간도에는 서로군정서와 대한독립단, 대한청년단연합회 등 20여 개의 단체들이 결성되어 활동하였다.

독립군 부대들은 국내로 진격해 일제의 경찰 주재소나 면사무소, 금융조합 등을 급습했으며, 친일세력을 처단하였다. 1920년 한 해에만 연인원 4,643명의 독립군이 1,651회에 걸쳐 국내진공작전을 전개하였다. 그런데 이 통계가 조선총독부에 의해 작성된 점을 감안한다면 일제의 국경치안은 심각한 타격을 받고 있었다.

독립군의 활동이 활발해지는 가운데 1920년 6월 7일 일본군은 봉오동에서 홍범도의 연합부대에게 패했다. 『독립신문』은 봉오동전투에서 일본군은 전사 157명, 중상 200여 명, 경상 100여 명이었으며, 독립군의 피해는 중상 2명, 장교 1명과 병사 3명이 전사했다고 보도하였다.

1920년 10월에 전개된 청산리전투에서 일본군은 독립군을 일거에 섬멸하고자 대대적인 군사작전을 전개하였다. 조선 주둔 제19사단을 주력으로 약 2만 명의 병력을 동원해 군사작전을 전개했으나 독립군의 효과적인 유격전에 밀려 1,000명이 훨씬 넘는 사상자를 내며 패전하였다. 이에 일본군은 비무장한 한인 농민을 무참하게 학살하는 경신참변을 도발했다. 10월 21일 청산리 백운평에서는 남자라면 젖먹이까지 모두 집에 가두고 불을 질렀으며, 집 밖으로 뛰쳐나오는 사람은 기관총으로 살해하였다.

　22일에는 왕청현 서대파 십리평 일대에서 북로군정서의 병영과 사관연성소 건물을 불태웠으며, 백초구와 의란구, 팔도구에서 150명의 무고한 한인 양민을 학살하는 만행을 저질렀다. 또한 10월 말에는 연해주 방면에서 이동해 온 제14사단의 일부 병력이 용정촌 장암동에 들어와 장암동 참변을 일으켰다. 일본군은 기독교인이 대다수인 마을의 남자 33명을 교회 바닥에 꿇어앉힌 후 짚단 등으로 교회를 채운 뒤 석유를 뿌리고 불을 질러 남자들을 살해하였다. 넋을 잃은 가족들은 일본군이 돌아간 후 숯덩이가 된 시신에 겨우 옷을 입혀 장사를 치렀다.

　그러나 5~6일 후 일본군은 다시 이 마을로 돌아와 무덤을 파고 시체를 모으라고 명령했다. 사람들은 얼어붙은 땅을 다시 파서 모든 시체를 한곳에 모았다. 일본군은 모은 시체 위에 짚단을 얹고 석유를 뿌린 후 시체를 태워 결국 재가 되게 만드는 이중 학살을 자행했다. 시체는 그 형체를 알 수 없게 되었으며, 가족들은 일본군이 철수한 후 시체를 합장해야 했다. 당시 일본군의 만행을 목격한 미국인 선교사는 '피에 젖은 만주 땅이 바로 저주받은 인간사의 한 페이지'라고 탄식하였으며, 용정에서 제창병원을 경영하던 영국인 선교사 마틴(Dr. S. Martin)은 일본군의 비인간적인 만행을 고발하는 증언을 남기기도 하였다.

이러한 참상이 선교사들에 의해 국내외에 알려지자 조선군 사령부에서는 간도지방의 선교사가 거짓말로 배일(排日)을 선동하는 유언비어를 꾸미며, 민심이 동요하고 있다고 주장하였다. 또한 『매일신보』에서는 토벌대가 잔인한 행동을 했다는 것은 거짓말이며, 양민들은 일본군의 활동을 환영하며, 영구히 주둔해 주기를 탄원하는 자가 적지 않다고 하였다.

서간도에는 관동군이 동원되었는데 환인과 통화현에서 한인 10여 명을 체포하여 팔도구에서 생매장하였으며, 500여 명의 한인을 체포해 이 중 81명을 사살하였다. 장백현에서는 조선총독부의 사주를 받은 장강호 마적이 한인들을 살해하였다. 안도현에서는 유두산 인근의 한인마을을 습격해 가옥 전체를 불태우고 주민 10명을 학살하였으며, 이때 독가스를 사용한 것으로 나타나고 있다. 이후 장백현 21도구에서는 정몽학교(征蒙學校)를 불태웠고, 독가스를 사용해 27명의 한인들을 살해하였다. 국경지대의 경찰대나 수비대를 동원하는 경우도 있었다. 함경남도 삼수군에서는 일본 경찰의 지휘하에 마적 200여 명이 장백현 22도구를 습격해 한인 100여 명을 학살하고 한인가옥 29호를 불태웠다.

경신참변에서 한인들의 피해 상황은 정확하게 파악되지 않고 있다. 『독립신문』은 피살 3,664명, 체포 155명, 재산피해 민가 3,520동, 학교 59개교, 교회당 19개소, 곡물 5만 9,970섬으로 보도하였다. 박은식은 서간도를 포함하여 한인 사망자 3,106명, 체포자 238명, 소실가옥 2,500호로 집계하였다. 중국 측 자료에서는 연길도윤이 외교총장에게 보고한 공문

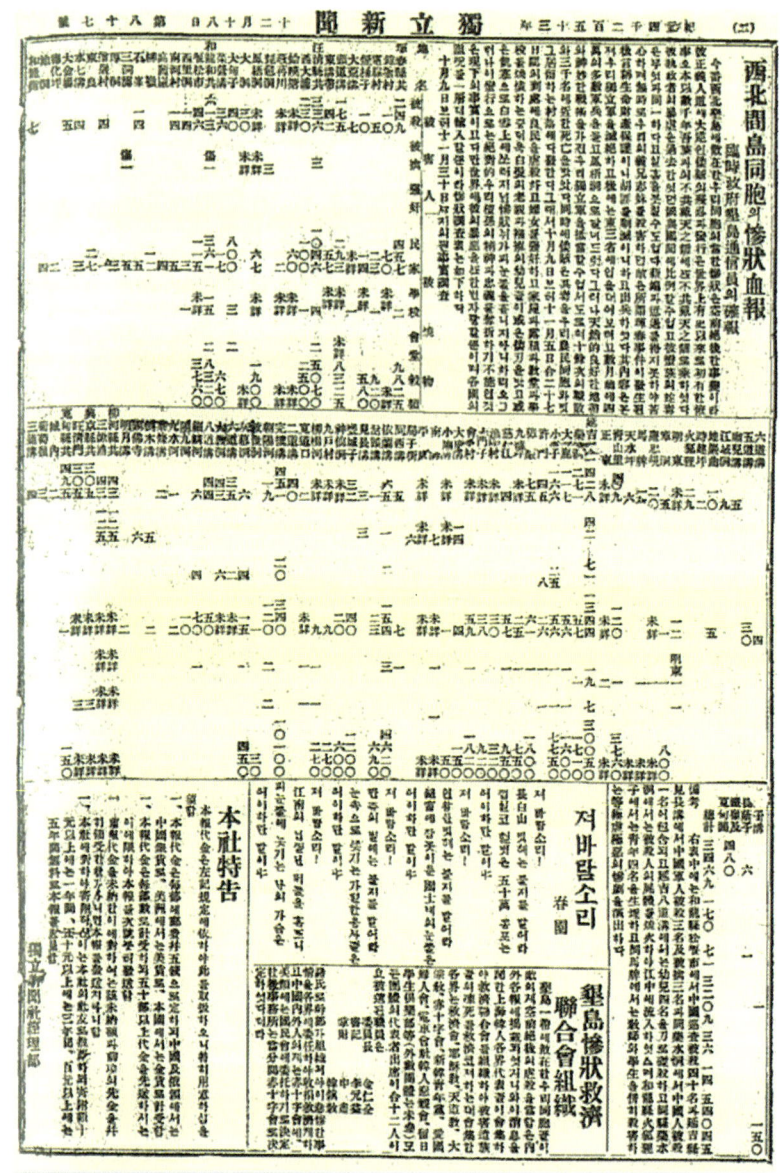

〈그림 7〉 경신참변에 대한 『독립신문』의 보도
— 출처: 박환, 2016, 『사진으로 보는 만주지역 한인의 삶과 기억의 공간』, 민속원.

에서 길림성 연길, 화룡, 왕청, 혼춘, 동녕에서 피살된 화민(華民)이 622명, 간민(墾民)이 320명이라고 하였다. 『길장일보(吉長日報)』에서는 최근 3주일 내 연변 일대에서 살해된 조선인은 2,000여 명이라고 보도하였다. 이에 반해 일제는 피살 494명, 체포 707명, 소각 민가 531동, 학교 25개교, 교회 1개소라고 하였다. 중국 당국에서는 한인에게 중국으로의 귀화를 종용하는 한편, 귀화하지 않으면 일본군이 철수한 후 상당한 처분이 있을 것이라고 위협하였다. 또한, 일제에 귀순한 한인들에 대해서는 친일분자라는 이유로 폭행을 가하는 경우도 있었다.

Ⅱ
중국 당국의 한인구축정책과 한인사회의 대응

1
한인구축정책의 실시와 한인사회의 피해

일본군의 간도침략과 연이어 도발한 경신참변으로 한인들은 커다란 피해를 입었으나 한인사회는 이를 빠르게 극복해 갔으며, 독립군 진영도 장기전을 염두에 둔 새로운 형태의 무장투쟁을 추진해 갔다. 이에 일제는 독립운동 세력에 대해 보다 강화된 통제의 필요성을 느끼고 있었으며, 과거와 달리 중국 당국을 회유해 문제를 해결하고자 하였다.

1924년 3월 조선총독부에서는 조선군 참모장과 경무국 과장을 봉천으로 파견해 봉천성장 및 관계자를 만나 문제를 논의하였다. 이후 4월 19일 중국 당국은 한인 가옥을 수색하여 총검이나 도검이 발견되면 이를 몰수하고, 은닉한 자를 엄벌에 처할 것과 구장, 촌장, 경찰, 보갑대 등은 이를 열심히 조사할 것을 각 관청에 훈령하였다

그런데 한달 후인 5월 19일 참의부 제2중대장 장창헌(張昌憲)의 지휘 하에 참의부의 독립군들이 압록강을 시찰하던 사이토 마코토(齋藤實)

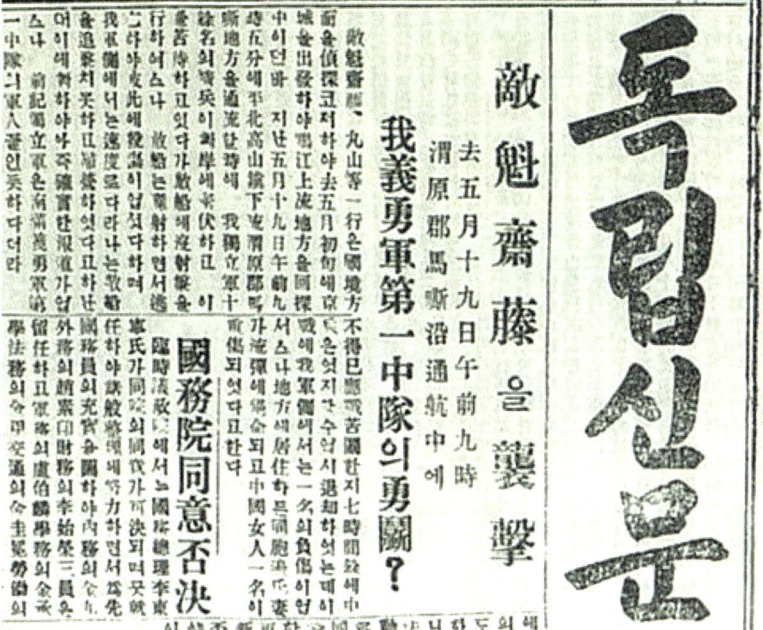

〈그림 8〉 사이코 마코토 총독 습격사건(『독립신문』 기사)

- 출처: 박환, 2012, 『만주지역 한인유적 답사기』, 국학자료원.

총독의 순시선에 총격을 가하는 사건이 발발하였다. 일제는 주중 일본 공사를 통해 중국 당국에 강력하게 항의하는 한편, 한인들에 대해 더욱 강화된 단속령을 발표해 달라고 요구하였다. 이에 1925년 6월 11일 조선총독부 경무국장 미쓰야 미야마쓰(三矢宮松)는 봉천에서 봉천성 경무처장 우진(于珍)을 만나 이른바 삼시협정을 체결하였다.

첫째, 중국 재류 조선인에 대해 호구조사를 엄격히 하고 패를 편성하여 서로 보증하고 연대 책임을 부담시킨다.

둘째, 중국 관헌은 각 현에 재류하는 조선인이 무기를 휴대하고 조선에 침입함을 엄금한다. 범한 자는 이를 체포하여 조선 관헌에게 인도한다.

셋째, 조선인 단체를 해산하고 소유 총기를 수색하여 이를 몰수하고 무장을 해제한다.

넷째, 조선인 소유의 총기 화약은 당해 관서에서 수시로 엄중 수색하여 이를 몰수한다.

다섯째, 조선 관헌이 지명하는 불령단 수령을 체포하여 조선 관헌에게 인도한다.

여섯째, 중일 양국 관헌은 불령선인 단속의 실황을 상호 통보한다.

일곱째, 중일 양 경찰은 자의로 월경할 수 없다. 만일 필요가 있을 때는 상호 통보하고 처리할 방법을 청구하여야 한다.

여덟째, 종전의 현안은 쌍방 성의로써 기한을 두고 해결하여야 한다.

위의 내용에서 보면 일제는 삼시협정을 통해 국경을 넘을 필요없이 중국 측에 의해 한인 독립운동자들을 체포, 검속, 인도받을 수 있게 됨으로써 국경 경비를 획기적으로 강화할 수 있었다. 반면에 중국 측에서는 일본 군경의 불법적인 국경 침범을 막고 한인들을 직접 관리·감독할 수 있게 됨으로써 일본이 사실상 치외법권을 포기한 것이라고 생각하였다. 협정은 이후 중국 당국이 자의적으로 탄압할 수 있는 법적 근거가 되었다. 협정 체결 후 독립군의 국내 진격 회수는 1924년 560회였던 것이 1925년에는 270회, 1926년에는 29회, 그리고 1927년에는 27회로 크게 감소하였다.

1920년대 후반 이후 한인들은 다양한 이유로 중국인들에게 배척의 대상이 되고 있었다. 첫째, 일제의 적극적인 만주침략정책 추진으로 중국인들의 배일 감정이 고조되자, 중국인들은 한인들을 일제 대륙침략정책의 '앞잡이'로 인식하기 시작하였다. 일본은 1927년 6월 27일~7월 7일 도쿄에서 개최된 내각회의를 통해 만주에서 일본의 특수 이익을 강조하였으며, 10월에는 장작림에게 길림에서 오상(五常)과 해림을 연결하는 철도 부설권을 획득해 북만주 깊숙이 진출할 수 있는 교통로를 확보하였다. 1928년 5월에는 제남사건을 도발했으며, 6월에는 장작림 폭사사건을 일으켜 중국인들의 배일 감정을 자극하였다.

둘째, 중국인들은 만주지역에서 한인들의 토지매입을 영토에 대한 침탈로 여겼다. 이에 중국 당국에서는 한인에게 토지를 파는 중국인에 대해 '투매국토죄(偸賣國土罪)'를 적용해 처벌했으며, 1929년 8월에는 토지를 외국인, 특히 조선인과 일본인에게 대여 또는 매도하지 못하도록 하였다. 일제는 1926~1931년까지 530여만 원을 투자해 연변에서만 약 12만 무의 토지를 약탈하였으며, 북간도 지역 토지의 60% 이상이 한인들에게 속해 있는 상황에서 한인들을 적당히 보호·지도하면 10년을 넘지 않아 명목상의 영토권은 중국에 있지만, 실질적인 영토권은 자신들이 갖게 될 것이라는 속내를 갖고 있었다.

셋째, 1923~1929년에 약 480만의 가난한 중국인들이 대거 만주로 이주하면서 한인 농민과 경쟁 관계를 촉발하고 있는 것도 하나의 요인이 되고 있었다. 이에 대해 국내 언론에서는 '파종기를 앞두고 산동지역 농민의 이주가 증가하여 조선 농민에 대한 압박이 다시 노골화되고 있다고 보도하였다. 1930년에 들어 길림성 정부 주석 장작상(張作相)은 '동삼성 내에 조선 농민의 이주를 방지하며, 조선 농민구축책을 확립하는 동시에 하북, 섬서, 산동의 빈민을 이주시키는 것을 일종의 빈민구제책으로 생각하고 있었다.

넷째, 쌀값 하락도 한인 농민들의 지위를 불안하게 하였다. 1927년 이후 봉천미(奉天米)의 가마당 가격은 계속 하락하였는데 1922년에 대략 9.3원에 거래되던 것이 1925년에는 11.5원으로 상승했으나, 1927년에는 8.50원, 1930년에는 5원, 1931년에는 4.2원까지 하락하였다. 만주사변 직전 한인 농민들은 평균 3일경(日耕)을 하였는데 쌀값이 폭락하여 가마당 6~7원 하는 상황에서 '잘되면 겨우 먹게나 되고 그렇지 않으면 굶을 수밖에 없다'라고 하였다. 또한 농민의 연간 소득이 대략 100원 정도인 상황에서 지방세, 경찰세, 호세, 출량세(出糧稅), 곡물이출세(穀物移出稅) 및 기타 잡세 등을 내고 나면 생계에 어려움을 겪을 수 밖에 없었다.

여섯째, 1929년 8월 중국과 소련 사이에 운영권을 둘러싸고 갈등을 빚고 있던 중동로철도 문제를 놓고 봉소전쟁(奉蘇戰爭)이 발생했다. 이 과정에서 일어난 간도폭동은 중국 당국의 한인들에 대한 강력한 박해 요인이 되었다. 봉천군벌은 코민테른과 중국공산당이 한인들을 이용해 만주를 볼세비키화하려 한다고 인식하였다. 또한 소련이 한인들에게 무기를 공급해 평화와 질서를 어지럽히려 한다고 보았다.

중국 당국의 한인구축정책은 1927년 이후 본격화되어 한농(韓農) 구축에 관한 건, 조선인 거주 상황 조사에 관한 건, 한인 취체에 관한 건 등 30여 건이 넘는 훈령을 제정해 탄압 강도를 강화하였다. 이에 1927년에는 주거권 박탈 94건, 소작권 박탈 14건, 불법징세 14건, 이주 허가증 박탈 7건, 강제 입적 및 풍속 변경 42건, 아동교육 방해 6건, 불법체포 및 불법과료 3건 등으로 총 181건의 부당한 박해사건이 발생하였다. 1929년에는 불법감금 46인, 상해 11인, 공갈 취체 33인, 수뢰 22건, 불법 벌금 154건, 무전취식 126건 등의 사례가 보고되었다.

그뿐만 아니라 봉천성에서는 새로 이주해 오는 한인들에 대해 거주를 허락하지 말 것을 명령함으로써 한인들이 만주로 유입되는 것을 근원적으로 차단하였다. 이 밖에 조선옷의 착용을 금지하였고, 귀화 한인들의 가족들에게까지 중국옷 착용과 중국어 사용을 강요하였다. 1929년에는 절강성에서 홍수로 많은 이재민이 발생하자 요녕성과 길림성에서는 이재민 구휼 차원에서 절강성의 숙련된 농민을 이주시켜 농법을 배울 수 있도록 하였다. 그러나 기온의 차이와 생활 습관의 차이, 종자 문제 등 다양한 이유로 실패하기도 했다.

한편 1930년 5월 이후 한인공산주의자들이 간도 폭동을 일으키고 간도총영사관 등 일제의 중요 기관은 물론, 중국 관청이나 군대 및 지주들에 대해서도 공격을 가하자 중국 당국의 한인에 대한 탄압은 더욱 강화되어 갔다. 중국 관헌과 군인들은 방곡령 위반이나 중국식 단발을 하지 않았다는 이유, 혹은 삼민주의 위반이라는 터무니없는 이유를 붙여 한인들을 착취했으며, 공산당을 토벌한다는 이유로 한인들을 검거하거나 심지어 살해하였다.

한편 중국 당국에서는 교육주권 회수라는 이름하에 한인학교에 대한 통제를 강화하였다. 길림성 교육청에서는 학교에서는 조선어, 조선사, 조선지리를 교육하는 것 외에 기타 과목은 당국에서 정한 표준에 의해 교육해야 하며, 매 학기 사용하는 교재는 중국 교육 기관의 조사를 받도록 하였다.

상황이 심각해지자 국내 언론에서는 한인들이 당하는 박해에 대해 상세하게 보도하였다. 길림성 쌍양현 부근에서는 중국 관헌의 압박에 못이긴 중국인 지주가 한인 동포 9가구 40여 명을 수레에 실어 장춘에 내다 버리는 일이 발생했으며, 갈 곳 없이 길에서 방황하며 울부짖는 동포의 참상은 차마 볼 수가 없다고 하였다. 황무지를 개척하는 100여 명의 한인 농민들이 중국 관헌에 불법으로 감금되었으며, 중국 군인들이 한인 동포의 말을 탐내 시비 중에 소유자인 부자(父子)를 타살했다고 하였다. 중국인 지주는 한인 농민 100여 명을 학대했으며, 견디지 못해 도망가던 한인 농민의 아내를 살해했으나 중국 관헌은 아무런 조치를 하지 않고 오히려 고소한 한인 농민을 검속했다고 하였다. 1930년 9월 요녕성 정부에서는 한인이 이주해 오면 공안국에 등기를 마친 3인 이상의 보증이 있어야 한다고 하였다. 그뿐만 아니라 당분간 조선인의 입적을 금지하며, 일정한 직업이 없는 조선인은 국경 밖으로 쫓아내는 것을 골자로 하는 법령을 제정하였다. 국내언론에서는 중국 관헌의 한인에 대한 비인간적인 취급은 만보산사건을 전후한 시기까지 거대한 건수를 기록하고 있다고 했는데 이는 한인들의 피해가 그만큼 심각했음을 반영하는 것이었다.

2

합법적 자치운동과 간도폭동

1920년대에 들어 한인사회는 일제와 중국 당국의 이중적 간섭과 통제 속에서 생명과 재산을 지키기 위해서는 합법적 자치권의 획득이 필요하다는 인식을 하였다. 1923년 2월 용정시 우(牛)시장 부근에서 한인 청년 최창호(崔昌浩)가 중국 군인의 총격으로 무고하게 살해되는 사건이 발생하자, 이를 중국 당국에 항의하는 과정에서 그 운동이 구체화되었다.

간도 용정시에서 중국 관병이 조선 사람 한 명을 무단히 총살하야 그 곳에 잇는 형제들은 매우 분개하야 시민대회를 연다함은 이미 보도한 바 어니와 십사일에도 시민 전체가 모다 출동하야 시민대회를 열고 여러 가지로 협의하얏는데 작년에도 중국순경이 고병상(高炳祥)이라는 청년을 총살한 일이 잇섯는데 당시에 영사관에서는 하등의 보호책을 강구치 아니하야 이번 사건이 또 이러난 것이라 하야 금번에는 조선인의 생명재산은 조선인이 스사로 자치적으로 보전하기를 결의 하얏스며 또한 그 리유를 일본 의회와 중국 정부에 통지할터이라는 바 간도에 잇는 8군데의 민회에서는 각각 대회를 열고 선후책에 대하야 여러 가지로 협의하는 등 일반 인심은 더욱더욱 흥분되어 문데는 점차 확대되는 모양이다더라.

- 『동아일보』 1923년 2월 16일 자

한인들은 작년(1922년-필자)에 한인 청년 고병상이 중국 순경에 의해 총살당하는 사건이 있었다. 그러나 일본 영사관에서는 아무런 보호책을 마련하지 않았는데 다시 최창호 피살 사건이 발생하자 구체적인 행동에 나섰다. 이전에도 국자가 순경국 앞에서 12세의 최동(崔童)이라는 어린이가 피살된 바 있었으며, 삼도구에서는 김모(金某)가 부당하게 피살당하는 등 다수의 피해가 발생하고 있었다.

이에 2월 14일 3,000여 명의 한인들이 용정에 모여 주민대회를 개최하고 일본국적에서 벗어나는 탈이운동(脫離運動)을 일으킬 것을 결의했다. 26~28일까지 개최한 조선인대회에서는 34인의 실행위원을 선출하고 한인들에 대한 자치 문제와 이중 법률의 철폐 문제 등의 실행을 결의하였다. 이후 정재면(鄭在冕), 윤이수(尹利洙), 김기정(金正琪)을 위교위원으로 선출하고 연길 도윤을 비롯하여 중·일 관리들을 만나 합법적 자치권 문제를 논의하고자 하였다.

조선인대회에서는 일본 국적 탈이운동과 중국 정부에 대한 적극적 항의 운동을 전개하는 한편, 궁극적으로 조선인의 자치기관 설립을 목표로 활동 방향을 설정하고 있었다. 또한 자치기관이 완성되면 그 명칭을 '조선인민단'으로 하고 34명의 집행위원을 선출하며, 사무소는 용정에 두고 신문과 잡지를 발행하고자 했다.

경비는 북간도 지역 주민 전체가 부담하기로 하되 자치기관을 설립하기까지는 18개소의 민회가 부담하기로 가결하였다. 따라서 이 시기의 합법적 자치운동에는 친일세력이 깊이 관여하고 있었다. 그러나 간도총영사관이 자치가 일본 법규에 위반된다는 이유로 중국 측이 동의하더라도 이를 승인할 수 없다는 입장을 밝히자 자치운동은 중단되었다.

1920년대 후반, 중국 당국의 한인 구축 정책이 본격화되면서 한인들의 피해가 심각해지자 민족 진영 인사들을 중심으로 한 합법적 자치운동이 다시 추진되었다.

> 만주 일대와 중국 각지에 산재한 동포를 횡포 무쌍한 중국 관헌이 구축한다 함은 누누이 보도된 사실로서 그 정도의 여하를 미루어 알 수 있는 바, 더욱이 최근의 길림성 당국은 각 현에 산재한 동포들을 속히 구축하라는 밀명을 각지 관헌에게 발한 후로 자못 동포들에 대한 강압적 취체는 말할 수 없는 상태에 빠져 있어(중략), 도리어 일 개인의 문제도 아니요, 적어도 민족 사활의 문제인 동시에 인도상으로나 사정상으로나 도리어 쫓김을 받을 수 없을 뿐만 아니라, 구축을 당한다 하더라고 다시 더 갈 곳이 없는 참담한 운명을 가진 이상 차라리 결사적 행동으로 최후까지 무리한 중국 당국자에게 대항하여 보는 것이 옳다는 견지에서 얼마 전부터 그 방법을 강구하여 오던 바, 드디어 모든 것이 구체적으로 성립되어 지난 28일에 우선 길림 재류동포 임시대회를 열고 이곳과 저곳에서 학대받고 눈물 흘리는 형제 자매가 한자리에 모여서 자기들의 처지를 한

탄하는 동시 적극적으로 대항하여 보자는 의견이 자못 일치되어 즉시 구축문제 대책강구회를 조직하고 아래와 같은 사항을 결의하는 동시 실무위원과 간사 10인을 선거한 후 무사히 폐회하였다더라.

결의사항

一. ○○방법의 件

가. 먼저 길림 각현에 널려 있는 동포의 각성을 환기하여 아무쪼록 참고 견디어 어떻든 떠나지 말고 신속한 기간 안에 동일한 보조를 취하여 대표를 길림에 보내게 할 것

나. 각 현 대표(적어도 6·7현 대표)가 오기 전이라도 귀화민 명의로서 길림당국에 항의 질문 또는 탄원서를 제출할 것.

다. 이 문제가 길림에서 해결되지 못하면 결국 북경정부까지 가서 항의해 볼 것

二. ○○○○에 관한 건

위원: 윤○전, 손정도, 이동우, 고○천, 김동전, 최동오, 이○대, ○태영, 박기전, 이창범

-『중외일보』1927년 12월 3일 자

이들은 1927년 11월 28일 길림재류동포임시대회를 개최하고 문제의 심각성을 공식화하였으며, 구축문제대책강구회(이하-대책강구회)를 조직하였다. 이후 대표단을 길림성 정부에 파견해 항의하는 한편, 탄원서나 질의서 등도 함께 제출하고자 하였다. 그리고 문제가 해결되지 않는 경우 북경 정부에도 대표단을 파견해 협상을 도모했으며, 손정도, 리동우,

최동오, 박기전 등을 위원으로 선출하였다. 대책강구회에서는 격문을 발표하는 한편, 길림성 당국에게 한인들은 일제 만주 침략의 '앞잡이'가 아니며, 귀화한 한인은 중국 당국에서 보호해 주어야 한다고 주장하였다. 또한 귀화 입적 후에도 중국식 옷으로 바꾸어 입지 않을 것, 납세에 있어서 차별이 없을 것, 무고한 양민들을 함부로 체포하지 말 것 등도 요구하였다. 길림성 정부에 대해 성내 거주하는 모든 한인에 대해 6개월 이내에 중국 국적으로 귀화시키는 한편, 길림성 정부는 관내에서의 구축령을 취소해 줄 것을 요청하는 방식으로 문제를 해결하고자 하였다.

이후 합법적 자치권 획득에 대한 요구가 확산되자 민족진영의 정의부(正義府)에서는 1928년 9월 연합강구회를 동성귀화한족동향회(이하-한족동향회)로 개편하고 합법적 자치운동의 추진을 본격화 하였다.

> 이 구축문제를 대책으로 하여 한족문제강구회를 조직하고 지난 4월(1928년-필자)에는 각 지방자치단체 대표회를 소집하야 지반의 기초를 일층 대중의 어깨 위에 세우고 명칭을 동성한족문제련합강구회라고 고치어 봉천당국과 북경정부 교섭 등에 많은 효과가 나타났고 … 동성한족문제연합강구회는 발기 단체인 성질상 당연히 해체되고 대회에서 새로이 한족동향회를 조직하였는데 … 우리 동포가 중국에서 향유할 수 있는 모든 권리의 획득을 최고의 목표로 하며 동포가 거주하는 현마다 지회를 두며 가장 완전한 통일의 형식과 실질을 취하여 어떠한 일이든지 한 보조를 취할 것이며 현하의 시급한 문제로서는 각지의 입적 수속을 속행함에 가장 주요한 시무가 된다는데 …
>
> -『중외일보』1928년 11월 17일 자

위의 내용에서 보면 대책강구회는 1928년 4월 연합강구회로 조직을 변경하였으며, 이것을 다시 '한족동향회'로 변경했음을 보여주고 있다. 그리고 한족동향회는 한인들이 중국에서 향유할 수 있는 모든 권리의 획득을 목표로 활동하였으며, 동포가 거주하는 지역마다 지회를 두고 한인들의 입적 수속을 시급한 문제로 추진하고 있었다.

한족동향회에서는 최동오를 중국 정부에 파견해 첫째, 입적을 원하는 조선인에게는 일률적으로 허가할 것. 둘째, 중국 국민으로서 권리와 의무를 향유케 할 것. 셋째, 봉천당국이 주장하는 입적을 원하는 조선인은 일본 내무성으로부터 탈적 증서를 취득할 것이라는 내용을 취소할 것. 넷째, 입적민의 공권 행사 제한을 철폐하고 평등한 대우를 부여할 것 등을 청원하였다. 한족동향회에서는 중국 정부 산하에 '입적 조선인부'를 두는 형태로 귀화한 조선인의 자치사무를 처리하자고 했다.

한족동향회에서는 삼시협정을 철폐할 것, 한글과 한문을 번역하여 국민교육을 일으키고 조선인 아동을 위한 학교를 증설할 것, 농민은행

〈그림 9〉 중국 당국의 한인구축정책 관련 보도 기사(吉林縣附近一帶 朝鮮人退去令緩和)

- 출처: 『동아일보』, 1927.12.18

을 설립하여 상업자본을 융통하고 농민 개발을 위한 기관을 세울 것 등을 청원함으로써 이 운동의 항일적 성격을 분명히 하였다. 그러나 민족진영의 합법적 자치운동은 중일관계가 악화되고 만보산사건과 간도폭동이 전개되는 상황에서 기대하는 성과를 거두기는 어려웠다.

사회주의진영에서도 조선에서의 자치운동이 일본제국주의를 지지하는 것이라면, 중국 주권 하에서의 자치운동은 일본제국주의에 반항하는 것을 의미한다고 인식하여 긍정적인 태도를 보이고 있었다. 그러나 중국 군벌과 소련 사이에 중동철도 운영권을 둘러싸고 1929년 1월 소련과 중국 사이에 갈등이 격화되고 1929년 7월 20일 봉소전쟁이 발발하자 1930년 한인공산주의자들은 간도폭동을 전개하여 중국 당국과의 관계를 급속하게 악화시켰다. 한인공산주의자들은 중국공산당 만주성위원회와 함께 1930년 4월 24일 '붉은 5월투쟁위원회'를 조직하고 행동에 들어갔으며, 5월 1일 국제노동절기념일, 5월 30일 상해사건기념일, 8월 1일 국제인터내셔날기념일, 8월 29일 한인합방기념일, 11월 7일 혁명기념, 12월 1일 광동쿠테타기념일 등을 계기로 한 대규모 폭동과 무장투쟁을 전개하였다.

사회주의진영에서는 일본제국주의·국민당군벌정부·지주 자본가·일체 주구기관 타도, 소련에 대한 무장적 옹호 등을 투쟁구호로 정하였다. 그리고 양측의 충돌 과정에서 무고한 한인들이 중국 군대에게 살해되거나 폭행을 당하는 심각한 피해를 입었다.

왕청현 소백초구에서는 무장공산당원 50여 명과 중국 육군 20여 명이 충돌했다. 중국 육군은 공산당원 2명을 사살, 8명을 검거하고 권총 2정과 장총 10정을 압수하였다. 두도구 주둔 중국 육군 3연대는 이수구(梨樹

溝)에 출동해 공산당원 20여 명과 교전하였는데 1명이 피살되고 중상을 입은 20세의 홍혜순(洪惠順) 외 1명을 검거하였다. 연길현 이도구에서는 5~6명의 조선인이 중국 육군에 의해 사살당하기도 했다.

돈화에서는 중국 관헌에 의해 구축당해 피난 나오던 조선 농민 40여 명이 중국 육군에 의해 산림 중에서 처참하게 학살된 후 시신이 방치되었다. 천보산 숭례향에서는 중국인 자위단이 한인이 소유한 70여 정보(町步)의 토지를 빼앗기 위해 무장한 공산당원으로 위장해 한인 농민 10여 명을 죽이고 방화하는 사건이 발생하였다. 간도폭동 과정에서

〈그림 10〉 간도폭동 관련자 재판 기사(間島暴動歷史的大公判記 訊問開始 는 治維犯부터 開廷劈頭「緊急質問」)

– 출처: 『동아일보』, 1933.9.26

체포된 한인사회주의자들 중 403명 중 12명이 감옥에서 사망하였고 272명이 치안유지법을 비롯해 24개의 죄목으로 재판에 회부되었다. 나머지 118명은 면소(免訴)되기는 했으나 국외 축출 처분을 받았다.

상황이 심각해지자 한인들은 민중대회의 소집을 통해 스스로 보호하고자 노력하였다. 1930년 9월 26일 전연변민중대회소집준비위원회가 조직되었다. 이들은 한인들의 피해실상을 민중들에게 보고하고 중국 당국과 교섭을 촉진하기 위해 29일 오전 10시에 민중대회를 소집할 것, 대회 소집 취지서를 작성하여 내외 신문에 발표할 것 등을 결의하고 대회 준비에 착수하였다. 준비위원은 이창규(李昌珪), 이린구(李麟求), 정광민(鄭廣民), 박현선(朴鉉善), 김진국(金進國) 등 이었으며, 용정 시내에 있는 김진국의 집에서 회의를 개최하였다.

민중대회는 1930년 9월 29일 12시에 용정시 공회당에서 이린구의 사회로 4,000여 명의 군중이 모인 가운데 개최되었으며, 용정시내의 모든 상점은 철시하였다. 또한 결의 사항으로는 1. 신문지상으로 여론을 환기시킬 것. 2. 금후 이런 사건이 없도록 길림성 정부에 항의할 것. 3. 살해 동포의 구휼금을 모집할 것. 4. 상설기관을 설치할 것 등이 결정되었다.

구체적인 행동 계획은 1930년 9월 30일에 개최한 제1회 중앙집행위원회에서 논의하였는데 1. 내외 일치 전민족적 여론으로 세계에 호소키로 함. 2. 항의는 성정부, 진수사처(鎭守使處), 시정주비처(市政籌備處) 3개소로 하되 성정부에는 서면으로 하고 진수사서와 시정주비처에는 항의 대표 5인을 파송하기로 함. 3. 피해 동포의 구휼금 모집은 서무부에 일임하기로 함 등이었다. 이 밖에도 경비는 발기 단체와 사회 유지의 동정금으로 할 것, 부서는 서무, 조사, 외교 3부로 할 것, 사무실은 동아일보 지국으로 할 것 등을 결의하였다.

한편 1930년 10월 10일에는 동북변방부사령관 장작상에 의해 길림성에 있는 귀화한교 대표가 소집되었는데 김동삼(金東三), 박헌병(朴憲柄), 김이태(金利太) 등이 대표로 참석하였다. 이 회의에서 중국 당국은 종래 한인에 대한 취체(取締)규정이 없었기 때문에 무리한 경우가 있었음을 인정하고 각 현에 엄명하여 한인의 보호에 노력하는 중이니 양해주기를 바란다며 사과하였다.

또한 향후 언론기관에서는 양 민족의 감정이 선회할 수 있도록 노력해 주기 바라며, 현재 구금 중인 한인에 대해서는 좋은 대우를 할 것과 모두 석방할 가능성이 있다고 하였다. 실제로 회의를 전후해 길림에서 3명, 교하에서 6명, 반석에서 3명을 공안국의 관리로 채용하기도 했다. 길림시정주비처에서 개최된 연변 조선인 원로회의에서 제기한 폭동 이후 애매하게 구검된 농민을 석방하여 달라는 진정이 수용되어 100여 명의 한인이 석방되었다. 그러나 이러한 노력에도 불구하고 1931년 5월에 개최된 제3차 중국 정부의 국민회의(國民會議)에서는 한인의 입적이나 동화교육 추진 등에서 기존의 정책을 고수하고 있었으며, 한인들의 인권이나 생활보호 대책에 대해서는 별다른 언급이 없었다.

Ⅲ
일제의 집단 이주정책과 이주 한인의 고난

1

전쟁 피난민에 대한 대책과
안전농촌·집단부락

1931년 만주사변이 발발하자 조선총독부에서는 전쟁 난민이 된 한인들에 대한 대책 수립을 요구받고 있었다. 한인 농민들은 중국군 패잔병과 비적들에 의한 심각한 피해를 입고 있었으며, 상대적으로 안전한 도회지 봉천으로 모여들었다.

> 피난민들은 봉천서 그다지 멀지 않은 신빈현(新賓縣) 도태보자(陶太堡子)에서 살다가 금년 여름에 강하게 당한 수재(水災)에 목숨을 밧치고 짓던 농사는 전부 버리고 그나마 할 일 못할 일 해가며 근근히 지내다가 금번 동란이 일어나며 이곳저곳에서 중국 패잔병이 습격한다는 소문이 들려오고 이웃마을에서 약탈의 총소리가 귀를 울리고 방화외 불집이 눈앞에 벌어지는 것을 보고는 비상한 불안에 견되다 못하고 겨우 입은 옷과 덥는 이불만 가지고 봉천(奉天)으로 피난왔다 한다.
> — 『조선일보』 1931년 11월 8일 자

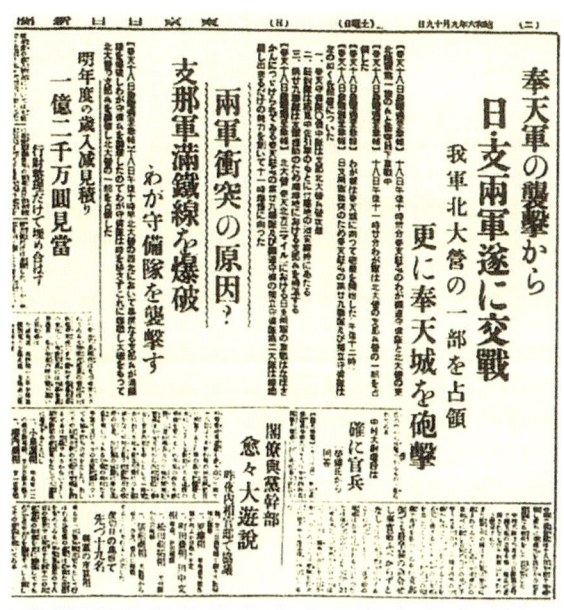

〈그림 11〉 만주사변 발발 보도 신문
- 출처: 박환, 2016, 『사진으로 보는 만주지역한인의 삶과 기억의 공간』, 민속원

위의 내용은 1931년 11월 8일 자 『조선일보』 기사인데 이를 통해 신빈현 도태보자에 살던 한인 농민들은 수재로 인해 어려움을 겪고 있던 중 전쟁이 발발하고 중국 패잔병들의 습격 소문이 퍼지며 이웃 마을에서 약탈로 인한 총성과 방화가 발생하자 옷가지 몇 벌과 이불만 챙겨 봉천으로 피난 온 상황을 보여주고 있다. 한인 농민들은 조선인 민회에서 주선해 준 만주철도주식회사 소유의 중국인 인부 기숙사 15호를 빌려 74명이 수용되었다. 한인들은 불안과 공포에 뛰는 가슴을 진정시켜야 했으며, 어린아이들은 영양 부족으로 파리한 얼굴로 잠들어 있었다. 당시 봉천의 22개 수용소에만 약 1만 4,400여 명의 한인들이 피난해 있었다.

1932년 3월 15일과 17일에는 만주로 이주했던 '강원도와 경상북도 지역의 가난한 농민 50여 명이 농토와 재산을 잃고 창백한 얼굴과 남루한 의복에 주린 배를 움켜쥐고 포항으로 돌아오기도 했다. 이들은 천신만고 끝에 호랑이굴에서 탈출하기는 했지만 멀지 않은 고향을 앞두고 단돈 몇 십 전의 여비가 없어서 포항 시가에 흩어져 구걸하고 있었고 그 형상은 눈물이 있는 인간으로서는 동정을 금할 수 없는 형국이다'라고 하였다.

　이에 총독부에서는 응급 구제금 명목으로 만 원을 지출해 봉천 등지에서 피난민을 수용한 후 가능한 한 빠른 시일 내에 귀환시키고자 하였다. 그리고 그 구체적인 방안으로 우선 안전농촌을 설치하고자 하였다. 이 같은 상황에서 안전농촌은 1932년 조선총독부가 동아권업회사에 7만여 원을 보조하고, 동아권업에서는 14만 원의 자기 자금을 더하여 총 21만여 원으로 만철 연선의 난석산(亂石山)역 부근의 토지를 매수해 철령 안전농촌을 건설하고 이곳에 피난민 일부를 수용하였다. 이어 1933년에는 5만 원, 1934년에는 6만 원을 동아권업회사에 보조하여 북만주 빈강성의 주하와 연수현에 걸치는 지역에 하동안전농촌을 설치하였다. 또한 남만주 봉천성 영구의 전장대(田庄臺) 부근에 영구안전농촌을 설치하였으며, 1934년에는 북만주 빈강성 수하안전농촌을, 1935년에는 통화성 류하현 삼원포 안전농촌을 설치해 조선 농민들을 수용하였다.

　총독부에서는 안전농촌을 설치해 한인 농민들을 집단화하여 관리와 통제를 용이하게 하는 한편, 점령지역에 항구적인 거주지를 마련하고 자작농을 육성한다고 선전함으로써 궁극적으로 한인 농민들의 동요을 막고 치안을 확보하고자 하였다.

〈그림 12〉 안전농촌의 설치를 알리는 언론보도(滿洲罹災同胞爲하야 『安全農村』建設決定)

- 출처: 『동아일보』, 1933. 2. 16

만주사변이 발발하자 재만 오지에서 농경에 종사하던 수만 동포는 피땀의 결정으로 얻은 수확도 비적(匪賊)의 약탈과 폭행 때문에 잃어버리고 난(亂)을 피하여 철도연선으로 집합하였습니다.(중략) 이에 조선총독부는 이 궁민(窮民)의 구제와 항구안전의 생업을 부여하려는 견지에서 만철주식회사와 협의한 우에 대규모의 안전농촌의 건설을 결정하고 당

1. 전쟁 피난민에 대한 대책과 안전농촌 · 집단부락 · 57

시의 동아권업회사에 위탁하여 이것을 실시하게 되었던 것입니다. 그 결과 제일착으로 영구 근처에 집단농촌을 건설하기로 하였으니, 이것이 만주사변 후 동포 이민농촌으로 효시가 되었습니다.

- 金永三, 1938. 8. 16,「滿洲 最初의 安全農村 營口農村探訪記」,
『재만조선인통신』 57·58.

위의 내용은 봉천지역 관동군 산하의 친일기관 흥아협회(興亞協會) 기관지 『재만조선인통신』의 기사로 영구안전농촌의 설치 배경과 성격을 설명하고 있는 내용이다. 이에 따르면 만주사변 이후 도시로 몰려드는 한인 난민들과 북만지역에서 대홍수로 피해를 입고 토막(土幕) 생활을 하는 한인들은 처참한 상황이었다고 하였다. 게다가 만주의 치안이 여전히 불안정한 상황에서 한인 농민들을 아무런 대책 없이 원래 살던 지역으로 복귀시킬 수 없는 상황이었다. 이에 총독부에서는 동아권업에 위탁해 안전농촌을 설치하고 한인들을 집단으로 이주시킴으로써 문제를 해결하고자 했으며, 이것이 만주사변 이후 한인 이민 농촌의 효시가 되었다고 하였다. 총독부에서는 안전농촌의 증설을 통해 약 10년 동안 약 10만 호의 이민을 추진했는데 피난민을 수용하기 위해 설치했던 하동안전농촌이 기대 이상의 풍작을 거두자 정책이 성공을 거둔 것으로 판단하였다.

한편 총독부에서는 국내에서 수해나 한해 등의 피해를 입은 이재민들도 안전농촌으로 이주시켰던 것으로 보인다. 1934년 9월 경상남도의 수해 이재민 2,000호 중 200호를 이주시키고자 했으며, 1호당 250원의 이주 비용을 지급해 여비와 주택비, 영농자금 등으로 충당하게 하였다.

그리고 돌아오는 봄에는 1호에 1정보 내지 2정보의 자작(自作) 경지를 구입할 예정이라고도 하였다. 토지는 동아권업 소유의 경지를 나누어 주고 7년 내지 10년간 상환하는 방식으로 갚게 한다는 조건이었던 것으로 보인다.

그러나 안전농촌의 실상은 일제의 선전과 크게 달랐다. 영구안전농촌은 황무지를 개간한 지역이기 때문에 한인 농민들은 초기에는 토막에서 생활해야 했으며, 새로운 가옥과 경찰관 숙소 등의 건축에 동원되었다. 우물은 만주수의과대학과 만철위생시험소에서 실시한 수질검사에서 음료수 용도로 부적합하다는 판정을 받았음에도 불구하고 그대로 사용했다. 그렇기 때문에 천연두를 비롯해 피부병, 호흡기병, 기타 전염병이 자주 발생하였다. 중앙 부락에 병원이 설치되어 있기는 했으나 촉탁의사 1인이 상주하고 있었을 뿐이라, 위생과 보건을 담보하기에는 역부족이었다. 8세 이상 45세 이하의 남자들을 대상으로 조직된 자위단은 경찰과 함께 주민들의 자유로운 출입을 통제하고 있었다.

한편, 일제는 북간도 지역의 한인들을 위해서도 대책을 마련해야 했다. 이에 총독부에서는 총독부 보조금과 '조선사회사업협회'에서 모집한 의연금 등을 바탕으로 간도총영사관 등과 협력하여 피난민들에게 의식주를 제공하는 한편, 조선인민회의 촉탁 의사를 통해 한인들을 진료할 수 있도록 하였다. 또한 피난민 중 노동할 수 있는 한인들을 당시 진행하고 있던 철도 공사에 투입하기도 했다.

한편 조선총독부에서는 북간도 지역에서는 집단부락의 설치를 통해 한인들에 대한 집단 이주를 추진했는데 총독부에서 동양척식주식회사 간도출장소에 자금과 제반 여건을 제공하여 집단부락을 조성하였다.

이 과정에서 다음과 같은 지침이 정해졌다. 첫째 집단부락의 경영 주체는 조선인 민회이며, 민회는 조선총독부와 영사관의 지도 감독하에 이를 실행할 것. 둘째, 당분간 집단부락의 건설지는 일본 또는 만주국 군경의 주둔지이거나 그 위력이 미치는 지역, 그리고 그 부근에 집단으로 경작하는 상당수의 경지 면적을 지닌 곳으로 선정할 것. 셋째, 집단부락에 수용하는 자는 피난민으로, 농사에 충분한 소질과 노동력이 있는 가족을 필요로 하며, 1,000호를 선정하여 1개 부락에 약 100호씩 10개 부락을 건설할 것 등을 강조하였다.

남북만주 철도연선 보다는 문제되여 잇는 것은 간도에 잇는 농민들이다 역시 만주사변 이후 토병이 만히 출몰한 일도 잇섯거니와 작년(1932년-필자) 이래 무장공산당이 아직도 맹렬이 출물하고 잇서 오지의 농촌을 떠나 도시로 모여 구호를 밧고 잇든 것이 약 1만여 명이 잇섯다. 총독부당국과 령사관 당국에서는 간도의 치안유지와 농촌의 안정을 위하야 작년 이래 공산당토벌을 적극적으로 하여왓스나 아직도 안정하엿다는 정도에 밋지못하야 그들 피난민이 종래대로 분산적으로 농촌에 돌아갈 수는 업다.

그래서 간도에 11개소의 집단농부락을 수비대나 경관대가 갓가히잇는 곳에서 설정하고 일방에는 자위단을 조직케하야 영주케 한다는 것이다. 그리하야 약 7만 명을 수용키로 하고 임이 반수는 농장으로 갓고 남아지도 불원에 농장으로 들어가 여름농사를 짓께한다고 한다.

-『조선일보』 1933년 6월 15일 자

위의 집단부락에 대한 『조선일보』 기사를 통해 보면 총독부는 간도 지역의 경우 토병의 출몰이 잦고 공산당이 맹렬하게 활동하고 있는 상황에서 피난민들이나 오지를 떠난 한인 농민들을 종래대로 분산적으로 농촌으로 돌아가게 할 수는 없다고 생각했다. 이에 수비대나 경관대가 가까이 있는 11개소에 집단부락을 설치하고 일부에는 자경단을 조직하였다. 총독부는 약 7만 명의 농민을 수용할 계획이었다. 이후 1933년부터 1935년까지 연변에서만 3차에 걸쳐 28개의 집단부락이 설치되었다.

한편 1935년 4월경 만주국에서도 평안북도의 국경지대에서 공산군 방비책의 일환으로 대규모 집단부락 건설을 추진했다. 계획에 따르면 우선 경비도로를 조성하는 하고, 부락 주위에는 철조망과 포대(砲臺)를 설치해 공산군의 습격을 막을 수 있도록 설계하였다.

간도지역에 집단부락이 들어나자 항일무장투쟁 세력이 집단부락을 공격하는 사건이 빈번하게 발생하였다. 화룡현 우심산(牛心山) 생문동(生門洞)에서는 공산당원이 나타나 집단부락에 가입하면 총살하겠다고 위협하자 경찰이 출동하였다. 환인현 제6구에서는 조선혁명군의 제6중대장 장명도(張明道)와 제7대장 최윤구(崔允九)가 20여 명의 대원들을 이끌고 나타나 집단부락의 농민들에게 '민회의 지도를 받으면 엄중 처벌하겠다'라고 경고하였다.

1937년에 들어서면 일제는 간도지역의 치안에 대해 한때 공산당과 반만(反滿) 항일세력에 의해 치안의 불안이 극에 달했으나 간도성 민정청(民政廳)에서 집단부락을 건설하고 피난민을 입촌케 하자 치안상에 큰 도움이 되었으며, 지금은 치안이 '명랑화(明朗化)'된 상황이라고 하였다. 그러면서 현재 간도성에는 99개소의 집단부락이 설치되어 있으며, 총 9,358호 중 만주인 3,295호, 조선인 6,163호이며, 총원은 51,101명이라고 하였다.

1935년 안도현과 왕청현 일대에서 활동하던 동북인민혁명군 제2군의 지도자 위증민(魏拯民)은 유격대의 근거지가 집단부락에 포위된 상황이라고 하였다. 또한 1936년 5월에는 동북항일연군 제2군에서 집단부락에 반대하는 성명서를 발표했다. 이 성명서는 집단부락에 대해 무장한 몇 명의 일본군과 그들의 충실한 주구 몇 명만으로도 수백, 수천 명의 인민을 통제할 수 있어 인민들이 완전히 자유를 박탈당하게 된다고 주장하였다. 집단부락의 청장년들은 모두 향병으로 동원될 뿐만 아니라, 전쟁에 봉착했을 때 집단부락은 방어전쟁의 소굴로 이용될 것이다. 인민들의 토지, 가옥, 식량, 역축 등 또한 모두 전쟁의 군용품이 될 것이며, 여성들은 일본군에게 끌려와 종군 창기가 될 것이라고 하였다.

이 밖에 총독부는 1935년 4월에는 국내의 서북지역에서 냉해를 입은 농민 382호 2,297명을 4차에 걸쳐 간도지역 집단부락으로 이주시켰으며, 1937년 7월에는 만주국에서 요하(遼河) 부근에 출몰하는 마적들을 근절하기 위해 인근 한인들을 강제로 집단부락에 이주시키고자 하였다. 명령에 복종하지 않으면 가옥들을 불태운다고 하여 농민들은 제초에 분망한 시기임에도 불구하고 거주지를 옮겨야 하는 곤란을 겪기도 했다.

조선총독부는 한인 농민들의 만주 이주에 대해 '조선인 이민의 8대 의의'라고 하여 긍정적으로 인식하고 있었다. 첫째 산동(山東) 지역 중국인들의 급격한 만주 진출은 만주에서의 일본의 권익을 실질적으로 희박하게 할 우려가 있다. 둘째, 만주국 농업생산에 있어서 조선 농민은 그 중심이 되어 크게 공헌하고 있다. 셋째, 조선 농민의 만주 진출로 조선 내의 인구 과잉과 경지부족을 완화할 수 있어 조선 내 동포의 생활을 풍족하게 한다. 넷째. 조선 민중의 대책 없는 일본 진출을 막을 수 있게 됨에 따라 일본 노동문제의 일대 위협을 없앨 수 있다. 다섯째, 조선 농민의 만주에서 성공은 조선민중 전체의 사상을 명랑화(明朗化)하여 다년간의 대립을 없애고 조선통치상에 일대 좋은 영향을 가져올 것이다. 여섯째, 조선민중을 잘 포용하는 것은 전 아시아 민족의 신뢰가 더욱 깊어지는 소이가 될 것이다. 일곱째, 조선 농민의 진출을 통해 필연적으로 일본 상품이 만주 구석구석까지 진출하게 될 것이고 그 액수는 엄청날 것이다. 여덟째, 산동의 중국인들은 고향으로 돌아가게 될 것임으로 막대한 자본이 유출되는 결과를 가져오지만 한인 농민들은 조선으로 돌아간다고 하더라도 자본유출의 염려가 없는 것이라고 하였다.

집단부락은 군사적 기능을 포함한 형태로 설치되었다. 부락의 중심에 광장을 배치해 주민들의 집합과 소개가 신속하게 이루어질 수 있도록 하였으며, 주위에 경찰분주소, 자위단 사무실, 소학교를 배치하였다. 집단부락에는 경찰병력 이외에도 자위단이 조직되어 있었는데 1개 부락 100호에 600인 정도의, 주민 당 약 30명 정도의 규모였다. 자위단의 급여는 집단부락민이 갹출했는데 보통 8원을 지급해 왔으나 1934년 영사관 경찰에서 7원을 보조해 월급이 15원 정도가 되었다. 자위단의 지도 감독은 영사관경찰에서 담당하였다. 1935년경에는 집단부락에 서당을 설치하고 촉탁의와 농사지도원을 파견하기도 했다.

출입문은 대개 4개가 있었는데 2개는 대문이고, 다른 2개는 쪽문인 경우가 많았으며, 주변 경계를 편리하게 하기 위해 하나의 문만을 사용

〈그림 12〉 영안현 신안진 집단부락의 자경단
- 출처: 박환, 2016, 『사진으로 보는 만주지역 한인의 삶과 기억의 공간』, 민속원

하였다. 중앙광장에서 보면 사방이 한눈에 들어오는 정방형 혹은 사각형 구조를 이루고 있었다. 부락 주위에는 3m 내외의 토성을 쌓고, 그 위에는 철조망을 두르기도 했다.

토성 밖에는 깊이 1.5m, 넓이 3m의 해자(垓字)를 설치하기도 하였다. 마을의 모서리에는 포대가 설치되어 있었으며, 포대의 수는 각 마을당 4~9문 정도였다. 부락 안에는 감시 망루도 세워져 있었다. 부락의 출입을 엄격하게 통제해 야간에는 모든 문을 닫고 통행을 금지하였으며, 출입 시 몸수색을 하는 등 삼엄한 감시가 이루어지는 것이 보통이었다. 수시로 방공연습을 했으며, 주간에는 부녀자들이 초소 경계를 서기도 했다. 각 부락에서는 종을 치거나 봉화를 올리는 등의 방법으로 인근 부락으로 신호를 보내 항일무장투쟁 세력의 기습에 대응하였다. 집단부락은 한인 농민들을 토지와 연계해 항일무장투쟁 세력과의 연결을 차단하고자 했던 일종의 강제 수용소였다.

2

개척민으로서의 집단 이주와 한인의 실태

　1936년 5월 9일 관동군은 '만주 농업이민 100만 호 이주계획'을 수립하고 향후 20년간 약 100만 호(500만 명)의 일본인을 만주로 이주시킨다는 계획을 발표하였다. 일제는 앞으로 20년간 만주국의 인구가 5,000만 명으로 증가할 것이라고 추산하고 그중 10%인 100만 호 500만 명을 일본인으로 충당하고자 했다. 중일전쟁이 전망되는 상황에서 일본보다 2.2배나 넓은 영토인 만주의 효과적인 개발과 안정적인 지배를 위해 일본인 이주가 필요하다고 판단했다. 그러나 만주의 낯선 기후와 사회 환경은 일본인들이 선호할 수 없는 조건이었으며, 1937년부터 1941년까지 추진된 5개년 계획에서 일본인 이주 호수는 약 4만 2,000호가 증가하는데 그쳤다.

　한편 일본정부와 관동군은 1936년 10월 '재만조선인 지도요강'과 '만주국에 있어서 선농취급요령'을 발표하고 향후 15년간 매년 1만 호 이

내의 조선인 신규 이주를 추진했으며, 소련과 만주 국경지대에 정착한 한인들은 다른 곳으로 재이주 시키기로 하였다. 관동군은 북만의 일본인 입식 예정 지역에는 원칙적으로 한인 농민의 이주를 허락하지 않는다는 방침을 확정했다. 치안과 군사적으로 신뢰할 수 없는 한인들을 동만과 남만의 23개 현에 지정 정착시킴으로써 우려를 제거하고자 하였다.

이후 일제는 대규모 이주정책을 추진할 기구로 만선척식주식회사(1936년 6월)와 그 자회사인 선만척식주식회사(1936년 9월)를 설립해 한인 농민의 만주 이주를 확대하였다. 두 회사에서는 한인 농민들이 만주로 이주할 때 필요로 하는 교통비 일부를 지급하고 농민들에게 토지 대금, 가옥 건축비, 영농자금 등을 빌려주었다. 농민들이 이를 20년 동안 분할로 상환하면 농지소유권을 양도해 자작농이 될 수 있도록 육성한다고 선전하였다.

> 소화 9(1934년), 10(1935년), 11(1936년) 3년 동안에 매년 평균 7만여 명이 증가하였다. 그리하여 년년히 늘어가는 조선인 이민을 통제하고 이미 만주 각지에 산재한 조선인을 보호하여 생활의 안정을 얻게 하고 만주국 산업개발에 공헌함과 동시에 조선 안의 과잉 인구를 조정하고 내지로 건너가는 조선인 노동자 문제를 해결하려는 취지와 필요로 총독부에서는 소화 11년 9월 제령으로 경성에 선만척식회사를 세우고 만주국에서도 신경에 만선척식고분유한공사를 세워 이민사업을 관리케 하기에 이르렀다.
>
> —『매일신보』 1939년 1월 3일 자

위의 내용에서 보면 일제는 1934~1936년까지 3년동안 매년 평균 7만 명의 한인 농민의 이주가 이루어지자 이들을 통제해 만주국 산업개발에 공헌하게 하는 방향으로 정책을 추진했음을 보여주고 있다. 또한 조선 내의 과잉 인구를 조절해 조선인들이 일본으로 건너가 발생하는 문제들을 미연에 방지하고자 했음도 강조하였다. 일제의 한인 농민에 대한 대규모 이주 정책이 확정되자 국내 언론에서는 '조선의 농민 노동자는 대륙 개척의 선발대!', '대지는 부른다, 만주에만 120만 명', '대륙 개척의 대부대 속속 진군 개시' 등의 기사를 게재하기도 했다.

그러나 당시 국내언론에서는 만주로의 대량 이민의 여파에 대해 염려하는 경우도 있었다. 이주 한인들은 교통이 불편하여 도로를 개통하는 일에 자주 동원되어야 하며, 집을 손수 지어야 하고 처녀지를 개간해야 하는데 농민들의 신고(辛苦)와 노력은 상상만으로도 어려운 것이라고 하였다. 또한 200원의 저리 자금을 대여받아 4정보의 농지를 빌려 농사를 짓는다고 해도 이자와 원금을 상환할 만한 수입이 있을지 확실치 않다고도 하였다. 그러면서 당국은 숫자상의 이민만을 생각하지 말고 농민들이 안심하고 영주할 수 있는 계획과 시설을 마련해 주어야 할 것이라고 강조하였다.

1937년 7월 중일전쟁이 발발하고 관동군의 예상과 달리 전쟁이 장기전의 양상으로 흐르자 일제는 더욱 적극적인 한인 이주정책을 추진하였다.

> 이번 회의를 통하야 만주국정부와 관동군당국의 조선인에 대한 형식은 현저히 달러진 바 잇서서 조선인도 내지인과 마찬가지로 조금도 차별

이 업시되엇다 조선의 내선일체와 가티 만주는 최초 건국정신인 민족협화(民族協和) 주의를 철저히 하야 이것을 장래 근본방침으로서 어느 나라 민족이든지 대하기로 되엇다는 것이다.

- 『조선일보』 1938년 8월 10일 자

1938년 7월 26~27일에 조선총독부와 만주국은 신경(新京)에서 '이민사무처리위원회'를 개최하고 국경지대와 특별지구를 제외한 대부분의 지역에서 한인 농민의 이주를 허용하기로 결정하였다. 또한 조선에서의 내선일체와 마찬가지로 만주에서도 조선인과 일본인을 조금도 차별 없게 대할 것이라고 강조하였다. 태평양전쟁을 앞두고 소·만국경지대에서 형성되고 있던 소련과의 긴장 관계가 정책 변화에 영향을 끼치고 있었다.

또한 1939년 12월 21일 일본정부 정례 각의에서는 임시만주개척민심의회의 자문안을 통해 신개척정책을 국책(國策)으로 결의하였다. 종래의 이민이라는 명칭에 대해 만주 개척의 의의를 나타내기에 부적당함으로 향후 개척농민 또는 개척민으로 부른다고 결정하였다. 이 같은 정책이 국책으로 정해진 상황에서 조선인을 일본인에 준해 대우한다고 하지만, 개척민은 병역, 기타 개척단 방위에 대해 충실을 기해야 할 것임을 강조하였다. 이제 한인 농민은 단순한 이주자가 아니라 개척민으로서 식량증산과 국방의 일부까지를 담당하는 역할을 부여받게 되었다.

이후 총독부는 1940년 7월 개척민의 중견지도자와 청년의용대를 훈련하기 위해 강원도 평강군(平康郡) 고삽면(高揷面) 세포리(洗浦里)에 만주개척민 지원자 훈련소를 설치하였다. 1941년 6월에는 조선인들의 만주 이주를 총괄해 오던 선만척식주식회사와 만선척식주식회사를 일본인의 이주를 담당해 오던 만주척식회사와 병합해 표면적인 차별을 제거하였다. 이 같은 상황에서 만주로 이주한 한인 인구는 1936년 말까지 85만 4,000여 명이었던 것이 1940년 말에는 118만 9,000여 명으로

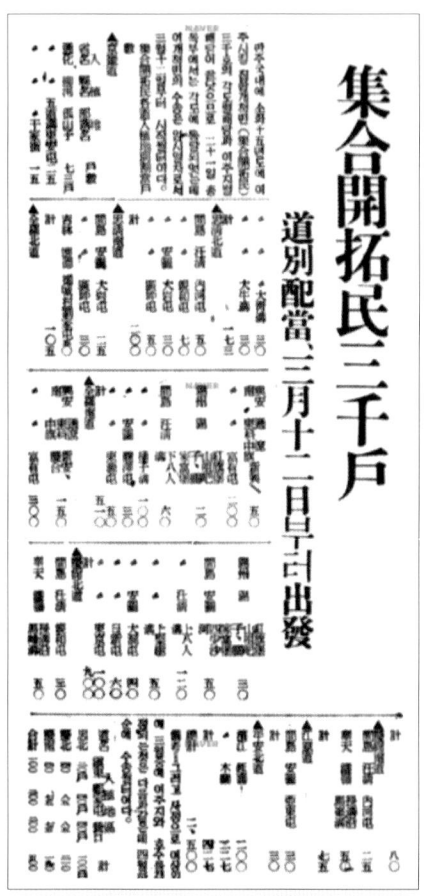

〈그림 13〉 집합개척민의 국내 각도별 배당 현황(集合開拓民三千戶 道別配當,三月十二日부터 出發)
- 출처: 『동아일보』, 1940.2.23

늘어났으며, 1945년에는 216만 명으로 늘어났다. 이는 당시 강제동원으로 일본에 끌려간 한인의 수보다 많다.

개척민은 대체로 남한 8개도 각지에서 희망 농가를 1호 또는 2호씩 모아 300호 이상이면 집단, 그 이하 50호 이상이면 집합, 그 이하를 분산 개척민이라고 하였다. 1943년경에는 '분촌 계획'을 원칙으로 이주민을 모집했다. 이는 조선 내 농가 호수와 경지 면적을 고려해 경작지가 부족한 지역의 농가를 선별하고, 한 부락에서 10여 호 또는 수십 호씩 묶어 만주의 같은 지역으로 이주시켜 조선촌을 만드는 계획이었다.

총독부는 이와 관련하여 조선 내 남은 모촌과의 연락을 긴밀히 유지하고, 이주민들이 항상 고향을 생각하며 고향 사람끼리 부지런히 농사를 지을 수 있도록 하려 했다. 분촌이민은 금년 봄부터 시작하여 벌써 경기도에 3, 충북 3, 충남 1, 전남북 각 3, 경북 2, 경남 5, 강원 1로 합계 21개 조선 분촌이 만주국에 생겼다고 하였다.

이 밖에 조선총독부 외무과장은 『매일신보』와의 대담에서 '개척민의 중견인 청년들의 결혼 문제는 개척 사업의 성패를 좌우할 만한 중대한 문제이다. 따라서 총독부에서는 1943년 9월 처음으로 전남에서 19명, 경북에서 8명, 충남에서 2명의 처녀를 개척촌으로 보냈는데 그들은 모두 결혼하여 희망에 넘치는 가정을 이루고 있다. 앞으로는 각도에 '여자척식훈련소'를 만들어 개척청년의 아내가 되려는 처녀들을 양성할 계획임으로 많은 지원자가 있기를 바란다'라고 하였다.

한편 개척민은 대부분 국내의 특정 지역에서 송출할 인원을 할당하여 모집하는 할당모집 방식으로 이루어졌다. 조선총독부가 각도에 할당 인원을 배정하면, 도에서는 군·부에 인원을 배정하고 이를 읍과 면사무소에서 수속을 밟아 진행하였다. 실제로 읍과 면사무소의 책임자가 지역민을 대상으로 명단을 작성하면 만주로 이주해야 했는데 만주에 가면 편안하게 농사를 짓고 배불리 먹을 수 있다고 속이기도 하였다.

그러나 당시 한인 농민의 만주 이주에 대한 국내에서의 인식은 대단히 부정적이었다. 1941년 6월 잡지 『조광』에서는 '이민은 버려진 백성이라는 그릇된 생각을 버리고 보내는 사람도 국방의 제일선에 가는 병사와 같이 그들의 앞날을 축복하며, 정신적 물질적으로 격려해야 할 것이다. 떠나는 사람도 패퇴자라는 비극감과 고국을 떠나는 슬픔을 극복하고 새 땅을 개척하고 새 문화를 건설하러 가는 전사와 같은 긍지와 환희를 가져야 할 것이다'라고 하였다. 그러나 '현실에서 보면 개척민이 떠나는 역 앞은 울음 마당으로 변하는 일이 적지 않으며, 부채를 정리하지 못하고 야간도주를 꾀하며, 관리는 배당된 수를 채우기에 급급하고 연선의 동포는 그들을 송영하는 자취도 보이지 않는다'라고 하였다.

또한 '조선 내에서도 이주협회가 설립되고 각 지방으로 유세대가 돌아다니며 개척 영화의 촬영을 계획하는 등 관심이 점차 높아진다는 것은 반가운 현상이다. 그러나 민간의 인식과 협력이 아직도 대단히 부족하지 않은가 생각한다. 고국을 떠난 개척민은 멀리 있는 동포와 고국의 소식을 그리며 산 설고 물 선 타국에서 건설의 괴로움을 맛보면서 따뜻한 위안을 기대하고 있다. 책 한 권(특히 아동의 헌 교과서), 헌 신문 한 장이라도 그들은 특별히 쓸 것이며, 의료반의 순회는 보건시설이 불충분한 개척지에 복음이 될 것이다. 개척지를 실지로 방문하여 실정을 소개하며 연구하는 시도가 자주 있어 주기를 바라는 바이다'라고 하였다.

실제로 1944년 일제는 북안성(北安省) 눈강(嫩江) 지구에 한인개척단

2,000호를 입식하려는 계획하에 선견대를 파견했는데 당시 친일 언론에서 조차도 '북안성의 선견대를 입식하여 건설을 하는 계획 자체에 무리가 있었다'라고 하였다. 즉 무주지대에 10월이라는 초 겨울부터 시작해 방벽을 구축하고 샘을 파고 가옥을 건축하고 부락을 스스로 지킨다는 것에 문제가 있다는 것이었다.

그러나 '선견대가 입식하여 무리하게나마 근거지를 만들어 놓아야 명춘에 본대가 이주하여 건설에 종사할 수 있으며 가을까지 2,000호의 가옥을 전부 건축하여 추기에는 가족을 초치하는 계획이 진보될 것이다. 그러니 최초부터 무리한 줄은 알고 시작한 것이며. 따라서 건설의 부실함도 어느 정도 부득이한 일이며 국책 수행 중에 희생된 선견대에 대해 동정할 점이 적지 않다'라고 하였다.

그럼에도 개척민의 이주가 본격화되자 국내 언론에서는 '만주개척 선발대 감격의 제일보', '만반준비 대기 6천여 개책부대 입식 앞둔 간도성 공서당국(公署當局) 활동', '만주 진출 역군을 경남에서 모집', '신경역 이민안내소에 의료반 설치 활동, 여독(旅毒)에 피로한 개척민에 시료(施療)' 등의 기사를 보도하고 있었다.

만주로 이주한 한인들의 삶은 출발부터 기대와 달랐으며, 이는 이주농민들의 증언을 통해도 확인된다. 1937년 초 안도현 명월구에 도착해 원주촌(原州村)을 만들었던 강원도 원주지역 이주민들은 3월 10일 기차를 타고 국내를 출발해 3월 29일 명월구에 도착했는데 이들은 출발 당시 트럭을 타거나 걸어서 원주역에 도착하였다. 이후 경원선과 함경선의 임시화물열차에 짐짝처럼 실려 47시간 만에 목적지에 도착할 수 있었다. 도착 후 이들은 임시가옥을 짓고 주변에 집단부락을 건설하였으며, 일제로부터 불하받은 소작지를 개간하였다. 그러나 이 과정에서 추위와 배고픔, 의료시설의 부재 등으로 도착한 지 2개월도 안 돼 78명이 사망하였다.

1938년 충북 충주에서 왕청현 화가영(火家營)으로 이주한 변동준의 경우는 만주에 가면 잘 먹고 잘살 수 있다는 선전에 속아 충주와 음성의 90여 호와 함께 이주해 왔다. 그는 3월경 이주해 왔는데 이주와 관련된 비용이나 자금은 일절 받지 못했으며, 차비만 지원 받은 정도였다고 한다. 연변까지는 기차를 타고 왔으며, 이후에는 걸어서 목적지에 도착하였다. 3월이라고는 해도 눈이 채 녹지 않아 달구지조차 다니기 어려운 길이었으며, 당시 화가영은 황무지였다고 한다. 개척이민 첫해는 농사보다도 당장 거처할 집을 마련해야 했으며, 수전 경작은 엄두조차 내지 못했고, 주로 조, 보리, 기장, 옥수수 등의 밭농사 작물을 심었다고 한다.

1940년 개척이민단으로 연변으로 이주해 온 이원갑의 경우는 강원도 춘천시 남면 서철리에서 살다가 연변으로 들어왔다. 당시 40여 호가 이주하여 춘양둔(春陽屯)이라는 마을을 형성했다고 한다. 기차로 도문(圖們)에 도착한 이들은 기차를 갈아타고 안도현 명월구로 이동하였고, 다시 트럭을 이용하여 안도현 소사하로 왔다. 이들은 '간도에 가면 온갖 가재도구가 다 갖추어져 있다'라는 일제의 선전에 속아 고향에서 쓰던 물건을 하나도 가지지 못한 채 이주해 왔는데 겨울철에 도착한 까닭에 거처할 곳이 없어 '가리고야(かりごや)'라는 임시 움막을 짓고 기거하였다.

혹한의 날씨에 얼어 죽는 사람도 빈번하게 발생하였다. 그러나 이주업무를 담당했던 곳에선 아무런 대책도 세워주지 않았으며, 말린 무채와 미역, 소금 등 조악한 먹을거리를 제한적으로 공급해 줄 뿐이었다.

봄이 되어도 농사를 시작할 수는 없는 상황이었고, 거처를 마련하기 위해 집을 짓는데 전원이 투입되어야 했다. 음식은 옆 부락에서 얻어 온 옥수수로 겨우 연명하였으며, 이듬해가 되어서야 밭농사를 지을 수 있었다.

1944년 안도현 양강촌으로 이주했던 민병규의 경우는 만척에서 농민에게 농기구를 비싼 값에 대여하였으며, 특히 오래된 농기구를 새것으로 둔갑시켜 대여하는 경우도 있었다. 연길과 혼춘에서 학교를 다녔던 김재율의 경우 1939년경에 이르자 만주국에서 일본어를 국어로 배우고 조선어를 배우지 말라고 해 자신은 소학교 6학년까지 조선어를 배웠는데 '조선어운동'을 민족운동으로 여기는 분위기가 만연되어 있었다고 하였다.

맺음말

　이 책은 경술국치 이후 재만한인의 만주 이주와 그들의 삶 속에 투영되었던 식민지 민중으로서의 고통 혹은 식민의 그늘을 살펴보았다.
　1910년 국내에서 많은 한인들이 새로운 삶의 터전을 찾아 만주로 이주하기 시작했다. 이 시기에 한인 농민들은 독점적인 수전농업 기술을 바탕으로 농지를 개간하며, 중국인들과 우호적인 분위기에서 안정적인 성과를 거둘 수 있었다. 만주에서의 수전농업은 한인 농민들의 줄기찬 노력의 결과였으며, 그 성과는 3·1운동 이후 항일무장투쟁의 역량강화로 이어졌다. 그러나 한인사회의 안정을 바탕으로 독립군의 활동이 활발해지자 일제는 곧바로 대규모의 병력을 동원한 간도 출병을 감행하는 한편, 경신참변을 도발해 한인들을 무참하게 학살하는 만행을 저질렀다. 1920년대 후반에 들어서 일제는 한인사회에 대해 군대와 경찰력을 동원한 직접적인 통제방식에서 벗어나 봉천성 당국과 이른바 삼시협정을 체결하고 이를 통한 간접적인 통제방식을 채택하였다. 이후 이러한 통치방식은 일제의 만주 침략이 본격화되면서 한인과 중국인 간 감정적 대립을 격화시켰으며, 중국 당국의 한인구축정책 실시의 법률적 근거가 되었다. 여기에 중동로사건을 둘러싸고 형성된 중소관계의 악화와 그에 따른 한인사회주의자들의 간도폭동의 전개는 한인들이 중국 관헌과 군대로부터 받아야 했던 박해와 탄압을 극단적으로 격화시키는 결과를 가져왔다. 이 시기 민족진영에서는 합법적 자치권 획득운동을 통해 한인들을 보호하고자 했으나 기본적으로 한인들의 국적 변경을 인정하지 않는 일제의 방해와 중국 당국의 성의없는 태도 등으로 큰 성과를 거둘 수는 없었다.

1931년 9월 만주사변을 도발한 일제는 전쟁난민이 된 한인 농민들의 상황을 해결해야 했으며, 이는 한인들의 항일무장투쟁이 적극적으로 전개되는 상황에서 절실한 현안이 되었다. 이에 일제는 안정농촌과 집단부락을 설치해 한인들의 통제를 강화해 갔다. 안전농촌과 집단부락은 일제의 정책적인 측면에서 성과를 거두고 있었으나 반면에 한인 농민들은 열악한 생활환경 속에서 강제노동에 시달려야 하는 수용소에 가까운 생활을 해야 했다. 이 밖에 동아권업주식회사나 동양척식주식회사, 만선척식주식회사가 제공하는 대부금의 높은 이자 등은 한인 농민들이 기대했던 삶과는 거리가 있었다.

실제로 집단 이주를 당했던 농민들의 증언을 통해서 보면, 한인 농민들은 일제의 선전과 달리 황무지에 가까운 토지를 개간해야 했으며, 가옥이나 경찰서 및 필요한 관공서 등을 조성하는 작업에 강제로 동원되었고 열악한 위생시설이나 빈약한 식량 확보, 중국인과 일본인과의 갈등 그리고 낯선 자연환경 등으로 인해 어려움을 겪고 있었다.

1937년 중일전쟁이 발발하고 장기화 조짐을 보이자 1939년 12월 일제는 종래의 이민이라는 명칭을 개척민 혹은 개척단으로 변경하였다.

이 시기 개척 이민을 한 한인 농민들을 일본인과 같이 대우한다는 정책을 선전하고 있었으나 그 실상은 국내에서 버려진 기민(棄民) 혹은 패퇴자라는 인식이 형성되어 있었으며, 만주에 도착하여 직면한 생활환경은 열악하기 그지없었다. 이러한 양상은 일제가 패망할 때까지 가속화되어 갔다.

참고문헌

- 『독립신문』, 『권업신문』, 『국민보』, 『조선일보』, 『동아일보』, 『중외일보』, 『매일신보』, 『재만조선인통신』, 『신민』, 『청년』, 『비판』, 『태평양노동자』, 『신단계』, 『별건곤』, 『조광』.

- 牛丸潤亮, 1982, 『最近間島事情』, 朝鮮及朝鮮人社.
- 朝鮮總督府警務局 편, 1930, 『在滿鮮人と支那官憲』.
- 李勳求, 1932, 『滿洲와 朝鮮人』, 평양숭실전문학교.
- 滿洲國軍政部顧問部, 1936, 『滿洲共産匪の研究』.
- 柳光烈, 1936, 『間島小史』, 朝鮮基督教文彰社.
- 金正柱, 1970, 「間島出兵史」, 『朝鮮統治史料』 2권, 韓國史硏究所.

- 독립기념관, 2008, 『국외독립운동사적지 실태조사보고서』 8.
- 밀산조선족사편찬위원회, 2007, 『밀산조선족 100년사』, 흑룡강조선민족출판사.
- 이극로, 1947, 『苦鬪四十年』, 을유문화사.
- 조선족약사편찬조, 1989, 『조선족약사』, 백산서당.
- 허은, 1995, 『아직도 내귀엔 서간도 바람소리가』, 정우사.

- 고병철, 2005, 「일제하 기독교인들의 만주 이주와 민족운동-간도참변(1920) 이전까지를 중심으로」, 『종교문화비평』 8, 한국종교문화연구소.
- 김윤미, 2009, 「일제의 만주개척 정책과 조선인 동원」, 『한일민족문제연구』, 한일민족문제학회.
- 김주용, 2021, 「한인의 서간도, 북간도 이주와 정착-1910년대를 중심으로」, 『在外韓人研究』 54, 재외한인학회.
- 金春善, 2000, 「庚申慘變 연구 -한인사회와 관련지어-」, 『한국사연구』 111, 한국사연구회.
- 박영석, 1979, 「日帝下 韓國人滿洲移住에 관한 硏究」, 『성곡논총』 10, 성곡언론문화재단.

- 박창욱, 1991, 겨울, 「중국이주사연구」, 『역사비평』.
- 송한용, 2011, 「장학량정권의 對韓人政策-만보산 사건'의 遠因을 찾아서-」, 『만주연구』 11, 만주학회.
- 신주백, 2012, 「한인의 만주 이주 양상과 동북아시아」, 역사학회, 『역사학보』 213.
- 유필규, 2008, 「1930년대 연변지역 韓人'集團部落'의 설치와 통제적 생활상」, 『한국독립운동사연구』 30, 한국독립운동사연구소.
- 유원숙, 1995, 「1930년대 일제의 조선인 만주 이민정책 연구」, 『역사와세계』 19, 부산대학교 사학회.
- 현은주, 1995, 「1930년대 만주이민에 대하여」, 『백산학보』 53, 백산학회.
- 황민호, 2010, 「1910년대 만주지역 한인사회의 동향과 한인의 만주 이주」, 『숭실사학』 25, 숭실사학회.

찾아보기

ㄱ

간도성 민정청(民政廳) 61
간도유망설(間島有望說) 15
간도폭동 40, 49, 50, 76
간민회(墾民會) 26, 27
개산둔진(開山屯鎭) 15
개척이민단 74
경술국치 9, 13, 76
경학사(耕學社) 27
고병상(高炳祥) 43, 44
고안촌(高安村) 22
공립협회(公立協會) 22, 28
구축문제대책강구회 46
국민보 26
길림재류동포임시대회 46
길장일보(吉長日報) 33
김동삼(金東三) 52
김성무(金成武) 28
김이태(金利太) 52

ㄴ

냉수천자(冷水泉子) 16

ㄷ

대공보(公太堡) 20
대요하(大遼河) 19
도강죄(渡江罪) 12

독가스 31
동국사략(東國史略) 28
동녕현 22, 26
동북항일연군 62
동빈현(同賓縣) 22
동성귀화한족동향회 47
동양척식주식회사 간도출장소 59

ㅁ

만보산사건 42, 49
만선척식주식회사 67, 70, 77
만주 농업이민 66
만주개척민 지원자 훈련소 69
명동학교 24, 26
미쓰야 미야마쓰(三矢宮松) 37

ㅂ

박헌병(朴憲柄) 52
방정현(方正縣) 22
백의인(白衣人) 15
봉소전쟁(奉蘇戰爭) 40, 49
봉천미(奉天米) 40
부민단(扶民團) 17
북안성(北安省) 눈강(嫩江) 지구 72
분촌 계획 71
붉은 5월투쟁위원회 49

ㅅ

사이토 마코토(齋藤實) 36
삼시협정 7, 37, 38, 48
서간도 6, 7, 13, 16~18, 20, 21, 27, 29, 31
서간도시종기(西間島始終記) 18
서전평야 15
선교사 마틴(Dr. S. Martin) 31
선만척식주식회사 67, 70
소수분(小綏芬) 22
수전농업 17, 19, 23, 24, 76
시정주비처(市政籌備處) 51
신개척정책 69
십리와 28, 29

ㅇ

안봉선(安奉線) 18
영구안전농촌 56, 58, 59
원세개(袁世凱) 27
원주촌(原州村) 73
위증민(魏拯民) 62
윤세복(尹世復) 27
윤세용(尹世茸) 27
의화단사건 13
이동녕 17, 18
이린구(李麟求) 51
이상룡 17, 18, 21, 27
이선구(李宣九) 17, 18
이은숙 17, 18
이주협회 72
이회영 17, 18, 27

인수개간원서(引水開墾願書) 13

ㅈ

장명도(張明道) 61
장암동 30
장업회(裝業會) 27
장작상 39, 52
장창헌(張昌憲) 36
전장대(田庄臺) 56
정몽학교(征蒙學校) 31
정재면(鄭在冕) 44
제남사건 39
조선사회사업협회 59
조선인대회 44
조선인민회 59
진수사처(鎭守使處) 51
집단부락 8, 54, 59~65, 73, 77

ㅊ

창동학교 27
청년의용대 69
최동오 46~48
최윤구(崔允九) 61
최창호(崔昌浩) 43, 44
출량세(出糧稅) 40

ㅋ

쾌당별이 29

ㅌ

탈이운동(脫離運動) 44

투매국토죄(偸賣國土罪) 39

ㅎ

한민학교(韓民學校) 28

한인개척단 72

한족동향회 47, 48

한흥동 28, 29

합법적 자치운동 8, 45, 47, 49

허은(許銀) 21

혼강 6, 17, 19

홍남주(洪南周) 13

홍범도 28, 29

홍범도 도랑 28

홍혜순(洪惠順) 50

화전(火田) 19

흥아협회(興亞協會) 58

일제침탈사 바로알기 31
일제하 재만한인의 이주와 삶

초판 1쇄 발행　2024년 11월 5일

지은이　황민호
펴낸이　박지향
펴낸곳　동북아역사재단

등 록　제312-2004-050호(2004년 10월 18일)
주 소　서울시 서대문구 통일로 81 NH농협생명빌딩
전 화　02-2012-6065
홈페이지　www.nahf.or.kr
제작·인쇄　청아출판사

ISBN　979-11-7161-137-9 04910
　　　　978-89-6187-482-3 （세트）

- 이 책은 저작권법으로 보호를 받는 저작물이므로 어떤 형태나 어떤 방법으로도 무단전재와 무단복제를 금합니다.
- 책값은 뒤표지에 있습니다. 잘못된 책은 바꾸어 드립니다.